„Wer nicht in seine eigne Tiefe taucht,

hält es in der Tiefe der anderen nicht aus."

Lavoce del Silenzio

Markus Lange

Frag D*I.CH* doch!

Was du vielleicht schon immer von dir wissen solltest.

Eine mögliche Reise zu dir selbst.

Einmal aus dem Kopf ins Herz und zurück.

Aus dem Skumeln-Turm

tredition

© 2023 Markus Lange
Coverdesign: Markus Lange
Satz & Layout: Markus Lange
Lektorat: Petra Männel – Petras Wörterwelt
Verlagslabel: Aus dem Skumeln-Turm

ISBN: 978-3-384-03980-4

Druck und Distribution im Auftrag :
tredition GmbH, Heinz-Beusen-Stieg 5, 22926
Ahrensburg, Germany

Die Publikation und Verbreitung erfolgen im Auftrag , zu erreichen unter: tredition GmbH, Abteilung "Impressumservice", Heinz-Beusen-Stieg 5, 22926 Ahrensburg, Deutschland.

Sinnhalt

Vorwort

Wenn du unsicher bist, ob es sich für dich lohnen wird, diese Zeilen nebst aufreibendem Inhalt in dir anzunehmen, dann sei mir als Schöpfer des Ganzen folgender Hinweis gestattet:

Wer sich hierfür entscheidet, dem sind Begriffe wie Raus-aus-der-Komfortzone, Tiefgang, positiver Eigensinn, Selbstliebe, Nächstenliebe, ewige Liebe, ewiger Frieden, Aufrichtigkeit, Wahrhaftigkeit, Wohlbeherztheit und Offenheit usw. nicht fremd – sowohl im Denken als auch im Handeln.

Warum Wohlbeherztheit? Wer sich entschlossen aufmacht, all die folgenden Fragen für sich zu beantworten und nicht nur dem Text einfach zu folgen, der benötigt den sogenannten, jedem zumindest unbewußt innewohnenden, Fünf-Phasen-Mut:

- Ich stelle mich/ mir all diese(n) Fragen!
- Ich bilde mir meine aufrichtige eigene Antwort zu all diesen Fragen! Dabei agiere ich völlig unabhängig und frei von allen inneren und äußeren Einflüssen und bisher erlernten Denkgewohnheiten und -mustern – absolut bewertungsfrei
- Ich akzeptiere und respektiere die in mir aufkommenden Antworten als Führung durch mein Selbst und das AllEin, ob sie mir gefallen oder nicht, und egal wie

ungewöhnlich sich diese anfühlen! Nichts bringt mich Geist dabei aus meiner Ruhe.

- Ich vertrete meine Erkenntnisse von mir und der Welt aufrichtig vor mir und der Welt! Immer und überall!
- I.CH bin!

Es klingt nicht nur anstrengend und aufreibend, wundervoll und zauberhaft. Das ist es auch. Deshalb sollte jeder, der hiernach schnelle und kurzlebige Erquickungsliteratur mutet und erhofft, gleich das eventuell dafür auserkorene Tauschobjekt sparen und anderweitig wertschöpfend einsetzen.

Wem jedoch die Liebe und Hingabe hierfür herzvoll wert erscheinen, dem seien die folgenden Seiten, Zeilen und Worte eine Eintrittskarte in die eigene Welt des einen Ganzen – unsere lebendige Menschenwelt.

Das Schreiben der eigenen Geschichte kann beginnen oder diese ergänzen. Für den Fall eines JA zu diesem Büchlein empfehle ich vor der Hand das Studium des hier innewohnenden Geistes und der innewohnenden Idee.

Herzmensch Jaqueline – ewiger Dank deinem Sein und Wirken – wünschte sich unter jeder Frage Raum für Notizen. Gerne teile ich diese wunderbare Idee, alles aufzuschreiben. Ich mag euch jedoch bitten, eure jeweilige ganz individuelle Geschichte auf einem frischen, weißen Blatt Papier zu beginnen oder fortzusetzen. Dies hier sind nur die

Inspirationen und Impulse von außen. Eure Geschichte soll eure Geschichte in aller Reinheit sein und werden oder bleiben, nur aus eurem Innen, ohne mein Außen.

Das ist mein Sinn des Buches.

Mein Dank gilt dir, diesen Weg zu gehen.

Danke allem Sein,

Markus Lange

I.CH bin

Umarmt das Herz unsren Verstand,
nimmt ihn behutsam an die Hand,
führt ihn durch die Alltagswirren,
wird auf Wegen er nie irren.

Umarmt das Herz den Schmerz - ganz enge,
fallen von uns ab in Menge,
uns unnötig erdrückende Zwänge,
aus der Gedanken wildem Gedränge.

Man kann so zur Ruhe kommen.
Ist man vom neuen JETZT benommen,
gelang ich an in dem Moment,
der Liebe nur und Freiheit kennt.

Stille im JETZT berührt betörend,
kein Trubel der Synapsen störend -
des Strebens Unfrieden vorbei.
Die Seele lebt mit sich ganz frei.

Es löst sich auf Dualität,
die oft als Ursache uns quält.
Beende JETZT die Spaltung innen -
das All im Ein lasse gewinnen.

Strahlt aus unserem Herzen Liebe,
bindend sprießen frische Triebe,
die AllEs neu umschließen werden.
Ewiger Frieden gelingt auf Erden.

Das Eins im Sein mag man begreifen -
dort liebvoll unsere Seelen reifen.
Zwischen den Polen im Moment,
der ewig dauert, wenn man ihn kennt,
erschließt sich mir Bewußtsein – klar,
werd ich des eigenen I.CH gewahr.

Auszug aus Faust Teil 1 – Nacht

Faust:
„Wenn ihr`s nicht fühlt, ihr werdet`s nicht erjagen,
Wenn es nicht aus der Seele dringt
Und mit urkräftigem Behagen
Die Herzen aller Hörer zwingt.
Sitzt Ihr nur immer! leimt zusammen,
Braut ein Ragout von andrer Schmaus
Und blast die kümmerlichen Flammen
Aus eurem Aschehäufchen raus!
Bewundrung von Kindern und Affen,
Wenn euch darnach der Gaumen steht –
Doch werdet ihr nie Herz zu Herzen schaffen,
Wenn es euch nicht von Herzen geht!"

Johann Wolfgang Goethe

Warum und Wofür?

Irgendwann kommt man an den Punkt, Leben nicht einfach nur dahinzuleben.

Die Karriereleiter scheint voller reichhaltiger und endloser Möglichkeiten, dreht sich als Hamsterrad immer weiter und schneller. Das Nichts ist beständiger als immerwährende Änderungen. Welche Haltpunkte kann ich für mich fest bestimmen, um bei mir und in meinem I.CH anzukommen und zu bleiben? Wie gehe ich meinen Weg?

Der innere (Ur-)Knall kam bei mir auf ganz leisen Sohlen - jedoch immer nachhaltiger - angeschlichen. Mehr und mehr Fragen erschienen offen, die sich alle vorher nie ernsthaft stellten, so meinte ich. Im alltäglichen Wahnsinn der Getriebenheit wurde das tägliche Tun immer mannigfaltiger und komplexer. Die Karriere entwickelte sich, und der innere Widerhall von allem, sowie ein diffuser Widerstand gegen irgendetwas, wurden mit der zunehmenden inneren Leere größer und größer. Aber warum war das so? Warum Widerstand und wogegen? Braucht es Widerstand gegen sich selbst und AllEs und überhaupt?

Ich fing an, *eigene* Antworten auf meine *eigenen* Fragen zu finden - ja, die kleinen und großen Fragen und Antworten des Lebens, meines Lebens. Zuerst geschah das unbewußt. Dann jedoch tat ich dies mit zunehmend klarerem Verstand - gelenkt durch

Herz und Seele. Und schon stand ich da. Gibt es diese eigentlich? Hat das Leben allgemeingültige Antworten einfach so parat?

Was mir dabei auffiel:

Es gibt unzählige Antworten auf jede aller Fragen. Jedes Menschen Perspektive, zu jeder der unendlich vielen Fragen, ist eine Antwort für sich. Jede ist berechtigt. Jede ist würdevoll zu achten, zu respektieren und zu akzeptieren. Was bleibt davon jedoch die Wahrhaftigkeit? Gibt es diese? Oder ist alles nur eine einzige Illusion, eine Maya? Ist nicht jede Antwort eine eigene Wahrheit? Oder ist Wahrheit einzig, undeutbar und unberührbar und ewig? Gibt es ausschließlich eine allumfassende Wahrheit und nur unzählig unterschiedliche Perspektiven darauf? Ab wann ist eine Perspektive nicht mehr Wahrhaftigkeit? All das existiert berechtigt im Außen.

Und innen drin? Welche Antworten und Wahrheiten sind dabei meine, meine eigenen? …und immer mehr Fragen! Auch unendlich viele. Egal was ich zu ergründen suchte. Stets landete ich in den unendlichen Weiten meines Nirvanas.

Meine Antwortsuche führte mich über die Jahre durch viele Bücher und Dokumentationen aller Art. Fakten über Fakten saugte ich förmlich in mich auf. Alles wollte ich ersinnen und merkte nicht, wie ich mich dabei selbst Stück für Stück weiter im Außen verlor und zum Teil auch vor mir selbst flüchtete. Ich suchte mich im mich umgebenden Außen.

Und wo liegt nun die eine, wahre Antwort? Ist sie komplex? Ist sie ganz simpel? Sie gibt es nicht und wiederum doch. Alles, was ich las, sah und hörte, waren individuelle Perspektiven, fremde Perspektiven. Genau - aus dem Außen! So mußte ich mich zwangsläufig verlieren. Und worin verlor ich mich? In welchen Illusionen fand ich mich wieder?

Und was treibt mich nun zu diesem Experiment der Gedankensortierung hier?

Hm, der Alltag hält unzählige Antworten auf alles bereit - auch auf die Dinge, nach welchen man gar nicht fragt. Dabei kann man sich in der großen, weiten Welt der Antwortmöglichkeiten verlieren und soll es wahrscheinlich auch. Obacht! Es ist bequem und effizient, vorhandene äußere Antwortvarianten einfach ins eigene Leben einzubauen. Aber ist es dann noch das eigene Leben? Was haben die ganzen fremden Antworten mit und aus mir/uns gemacht? Sollte(n) es/ich/wir sogar so sein – Leben wie in einer bildhaften „Antwortwelt" – einer Matrix? Gewagte These? Diese Antwort ist mir jetzt ausnahmsweise mal egal. Das trügerische Angebot des Sich-Verlieren-Könnens muß ich nach dieser Erkenntnis nicht mehr beliebig annehmen. Bewußt betrieben und mit der entsprechenden inneren Distanz macht es natürlich eine köstliche Freude, diesen „empfohlenen" Pfaden zum eigenen

Vergnügen und zur eigenen Erheiterung gelassen zu folgen.

Mit der anschließenden Sammlung von Fragen jedoch möchte ich mich und andere animieren sowie inspirieren, sich und die eigenen Antworten, die Erdung und einen Halt in sich selbst zu finden. Was und wie ist mein Empfinden zu mir und den Dingen, welche mir die Welten bedeuten?

Natürlich ist dies hier auch wieder nur eine fremde Sicht ohne Anspruch auf Vollständigkeit. Aber halt! Es soll nur ein Fragenangebot sein und bleiben - ein möglicher WegWEISEr, einzelne Impulse. Die Erkenntnisse, also die eigentliche Geschichte dieses Buches, mußt du selbst kreieren. Du erkennst und gestaltest dir so selbst deinen Weg, der sich durch jede einzelne Antwort Schritt um Schritt unter deine Füße legen wird – wenn du ihn gehst oder gehen willst.

Es soll eine Justierungsmöglichkeit für Menschen sein, die keine Antworten von außen mehr ins eigene Leben ungefiltert übernehmen wollen. Und ja, es ist ein Angebot zum selbst Denken, Nachprüfen, Erforschen und Hinterfragen – zum freien Denken, Wundern und Staunen. Die Anstrengung sei garantiert und wird sich lohnen!

Mein innigster Wunsch ist – darum mein ganzes Wirken:

Magst du dir bitte jede Frage beantworten, ja, jede Frage in aller Ruhe vor dem Weiterlesen. Nutze nicht allgemeingültige Phrasen oder bekannte fertige Definitionen als Antworten. Das wäre wieder „Außen". Suche bitte immer erst mit genügend Geduld, eine Antwort in dir selbst entstehen zu lassen. Durch die sich entwickelnde Fertigkeit des Selbstdenkens wird sich das zu einem sehr erfüllenden Prozeß entfalten.

Denke nicht aus gefühlten gesellschaftlichen Rollenbildern heraus – aus einer Etikettierung. Da du immer nur du sein kannst und wirst, paßt du auch nie wirklich in eine von außen vordefinierte Rolle. Damit entstünde ein vom restlichen Sein losgelöster und einschränkender Denk- und Handlungsrahmen, der freies Denken konterkariert. Dich selbst und dein Dasein begreifst du am aufrichtigsten, wenn du die Antworten, wie schon gesagt, aus dir selbst entstehen läßt; und zwar immer und immer wieder auf einem gefühlten oder realen weißen Blatt Papier.

Glück entsteht mit anderem auch durch Erkenntnis. Laß alles zu, was dich dabei in dir und was mit dir passiert. Du wirst es nicht bereuen. Du findest deine Geschichte aus deinen Antworten. Ich stelle nur die Fragen. Beginne am besten schlicht mit „I.CH bin" und schöpfe damit aus dem unendlich Ewigen.

Namaste

Urtrauen

Glaubst du an dich mit aller Kraft,
du es zu größtem SEIN schaffst.
Beginnst du dies in Kindertagen,
stellst du dir früh geschickte Fragen,
werden Antworten dich tragen.

Wenn dein I.CH sich wirklich kennt,
ist es egal, wie man dich nennt.
Dein Herz wird dir den Weg recht weisen
auf allen deinen Lebensreisen.

Weißt du, wer du wirklich bist,
was deines Lebens Sinnhalt ist?
Dann tust du frei aus dir allein,
was du lebst in deinem SEIN.

In dir entsteht so größte Ruhe.
Wird übermächtig kein Paar Schuhe,
in die du fährst ein Leben lang.
Erlangst so deinen inneren Rang.

Aus dieser Ruhe dein Glück entsteht,
was du als Kind dir schon gesät.
Gib deinem Geist mehr Ruhe als Geld!
Dir dann dein I.CH den Weg erhellt.

Wirst du mit Freude alles wagen,
kannst du so vieles dann ertragen.
Ein Leid kommt an zu dir höchst selten.
Kaum einer kann dich wirklich schelten.

Gibst du Stolz, Wärme und Liebe,
erwachsen andern Menschen Triebe,
die wurzeln auch sehr tief in dir.
Und du wirst immer sein im Hier.

Brauchst dann denken nie mit Sorgen,
was wohl bringen andere Morgen.
Kein Blick zurück in Zorn und Streit,
bleibst kraftvoll im Moment bereit.

Dieser Freude sprudelnd Quelle,
gibt dir kein` Spaß nur auf die Schnelle.
Dauernde Zufriedenheit
wird bleiben dir in Ewigkeit.

Dein Lächeln geht frei nie verloren.
Ist`s manchmal auch bedeckt mit Sorgen.
Doch diese schiere, innre Kraft
dir dauerhaftes Glück erschafft.

Trag`s in deinem Fühlen, Denken.
Das Schicksal wird beruhigt dich lenken,
weil das, was dann ins Außen scheint,
dich mit der Welt im Einen eint.

Das 1 X 1 (X ∞?) der Lebensfragen

Die Sprache Gottes, des schöpferischen Universums ist die Stille? Das Herz – die Liebe – braucht keine Argumente? Worte können immer nur WegWEISEr sein?

Darf ich mit wortgewandten Fragen Wege WEISEn, welche sich beim Beantworten der Fragen unter die Füße legen? Bleibt Sprache immer limitiert? Darf ich finden, mit limitierter Sprache meintliche Limitationen des Seins aufzulösen?

I.CH bin?

I.CH bin.

I.CH bin jetzt.

I.CH bin hier.

I.CH bin jetzt hier.

Was bin I.CH?

Wer bin I.CH?

Wer ist I.CH?

Warum bin I.CH?

Was will I.CH, und warum will I.CH es?

Auszüge aus Faust Teil 1:

Nacht

Faust:
„Da steh ich nun, ich armer Tor!
Und bin so klug als wie zuvor;
…

Bilde mir nicht ein, was Rechts zu wissen,
Bilde mir nicht ein, ich könnt was lehren,
Die Menschen zu bessern und zu bekehren.

…

Daß ich nicht mehr mit sauerm Schweiß
Zu sagen brauche, was ich nicht weiß;
Daß ich erkenne, was die Welt
Im Innersten zusammenhält,

…

Und fragst du noch, warum dein Herz
Sich bang in deinem Busen krümmt?
Warum ein ungeklärter Schmerz
Dir alle Lebensregung hemmt?
Statt der lebendigen Natur,
Da Gott die Menschen schuf hinein,
Umgibt in Rauch und Moder nur
Dich Tiergeripp und Totenbein.
Flieh! Auf! Hinaus ins weite Land!“

Johann Wolfgang Goethe

Warum (nicht)? X Warum (nicht)?

Warum "Warum?"?

Warum nicht "Warum?"?

Warum "Warum nicht?"?

Warum nicht „Warum nicht?"?

Genau. Warum nehmen wir nicht ein weißes Blatt Papier zur Hand? Einmal alles in Frage stellen? Alles? … und uns selbst? ganz neu entdecken, erfinden, denken und entwickeln? Alles? Wozu? Ist nicht alles schon fertig (vor-)gedacht - zum Finden? Warum fügen wir unsere Welt nicht noch einmal und immer wieder völlig neu zusammen? Oder wollen wir nur neue und neue und neue Perspektiven finden? Was ist was, und warum ist das so, und wie gehöre ich ins AllEs hinein?

Wollen wir mit uns dieses Gespräch führen? Und wenn JA, wie oft? Immer wieder? Sollten wir das überhaupt tun - uns reflektieren und hinterfragen? Warum sollten wir alles uns Umgebende in Frage stellen – und uns noch dazu? Wozu? Oder führt das eine nicht automatisch zum anderen? Ist etwa alles untrennbar miteinander gebunden? Führen Fragen bis in die unendlichen Einzelheiten nicht von ganz allein zum großen Ganzen hin oder zurück? Wie ist das mit der Zeit? Wie ist das mit dem Raum? Welche Kraft haben meine Gedanken und meine

Vorstellungskraft/Schöpferkraft? Welche Energie bergen sie in sich? Oder willst du lieber aktiv in Frieden ruhen?

Ist das nicht paradox? Suche ich im Allerkleinsten, so es das überhaupt gibt, komme ich dann nicht am anderen Ende in der Unendlichkeit eines Universums heraus? Bin ich I.CH? Steckt ein Universum in mir? Oder stecke ich in einem Universum? Was bin ich dann, was sind wir? Wo sind wir eigentlich? Worin existieren wir? Und so weiter…. So könnte es anfangen? Und? Wie ist das Empfinden, wenn die Fragen selbst zu beantworten sind? Muß ich überlegen? Will ich darüber nachdenken? Mit welcher Methode denke ich Wissen schaffend und Erkenntnis schöpfend? Habe ich bereits eigene Antworten? Bin ich überhaupt auf den Prozeß der Antwortfindung und dessen Ergebnisse vorbereitet? Will ich darauf vorbereitet sein? Will ich das wirklich alles wissen? Gibt es dafür nicht die rote oder blaue Pille? Kann ich dafür nicht geblitzdingst werden? Leider nicht!

Schon die alten Philosophen erkannten die Notwendigkeit:

"Erkenne Dich selbst! - Und du erkennst Gott."

Start

Stufen

Wie jede Blüte welkt und jede Jugend
Dem Alter weicht, blüht jede Lebensstufe,
Blüht jede Weisheit auch und jede Tugend
Zu ihrer Zeit und darf nicht ewig dauern.
Es muss das Herz bei jedem Lebensrufe
Bereit zum Abschied sein und Neubeginne,
Um sich in Tapferkeit und ohne Trauern
In andre, neue Bindungen zu geben.
Und jedem Anfang wohnt ein Zauber inne,
Der uns beschützt und der uns hilft, zu leben.
Wir sollen heiter Raum um Raum durchschreiten,
An keinem wie an einer Heimat hängen,
Der Weltgeist will nicht fesseln uns und engen,
Er will uns Stuf' um Stufe heben, weiten.
Kaum sind wir heimisch einem Lebenskreise
Und traulich eingewohnt, so droht Erschlaffen;
Nur wer bereit zu Aufbruch ist und Reise,
Mag lähmender Gewöhnung sich entraffen.
Es wird vielleicht auch noch die Todesstunde
Uns neuen Räumen jung entgegen senden,
Des Lebens Ruf an uns wird niemals enden,
Wohlan denn, Herz, nimm Abschied und gesunde!

Hermann Hesse

Auszug aus Faust Teil 1 – Vorspiel auf dem Theater

Direktor:
Was heute nicht geschieht, ist morgen nicht getan,
Und keinen Tag soll man verpassen;
Das Mögliche soll der Entschluß
Beherzt sogleich beim Schopfe fassen,
Er will es dann nicht fahren lassen
Und wirket weiter, weil er muß.“

Johann Wolfgang Goethe

Wo ist Anfang? Was ist Anfang?

Warum fühle ich mich gerade jetzt so konfus? Wollte ich nicht eben noch ganz klar alle Bereiche des Lebens mit Fragen durchleuchten? Was ist auf einmal passiert? Was und wo sind die Kapitel? Wo ist mein Anfang hin? Ist es mein Anfang? Gibt es überhaupt einen Anfang aller Dinge, allen Seins? Wo ist dieser? Wo beginnt die Schöpfung? Wo ist mein Anfang für ALL das hier? Ist das nicht gerade genau unser aller Dilemma, daß das eben keiner wirklich eineindeutig zu erklären weiß? Reicht es, dies bereits in sich zu fühlen und zu spüren? In sich selbst? Muß ich da nicht schon hier mit dem Fragen wegen mangelnder Wahrscheinlichkeit einer Ergebniserzielung aufhören? Sind individuelle Denkmodelle auch nur Ableitungen der individuellen Wahrnehmungen? Was sagt mir mein Herz, mein Seelenwohnort, mein Zuhause? Ja? Weitermachen? Es gibt immer ein Ziel, wenn man einen Weg beginnt? Legt sich der Weg beim Gehen also immer unter die Füße? Ja?

Sind mein Anfang meine Absicht und mein Wille, mein unbedingter freier Wille? Ist die Bedingung für ein Ergebnis einfach nur der reinen Herzens manifestierte Wunsch? Braucht man diesen Willen wirklich, um etwas zu erreichen und zu schaffen? Irrt nicht der Mensch, solang er strebt? Ist es so, daß neue oder vor allem ungewöhnliche, nicht gleich passend erscheinende „Energien" zuerst einmal lächerlich gemacht werden, dann bekämpft man sie, um sie am Ende doch erfolgreich ins Leben einordnend zu kopieren? Geschieht das nicht im Großen wie im Kleinen? Was wäre, wenn niemals eine Instanz diesen bestimmten Willen gehabt hätte, diese scheinbaren inneren und äußeren Hürden zu nehmen, welche eher nur Heraus- und Hereinforderungen sind? Wenn niemand an eine Idee und deren innewohnenden Geist geglaubt hätte, wo würden wir als Menschheit heute stehen? Was, wenn niemand den Willen dazu gehabt hätte, Einfälle und Zufälle des AllEin in sich und aus sich heraus umzusetzen? Und eine Nummer kleiner - das mit der Überwindung der Anfangsschwelle? Den Hintern vom Sofa einfach mal hochbekommen und Dinge beginnen? Mit Schwung überholen, ohne einzuholen? Was war das jetzt? In der Historie verrutscht?

Kann es sein, dass eine bestimmte innere Einstellung (Wille) zu einem bestimmten Verhalten führt? Und folgen hieraus aus einem bestimmten Verhalten bestimmte Ergebnisse? Warum geschieht das so? Entspricht diese Tatsache auch deinen Beobachtungen? Willst du das überprüfen? Ja…?

Können wir ableiten, dass man durch einen festen Glauben an eine geistvolle Idee die im Anfang liegende Kraft durch einen unbedingten Willen erschließt? Ja? Warum wundern sich dann so viele Menschen, daß Dinge nicht gelingen? Ob es schon an der Art des Anfangens gelegen haben kann?

Sollte Wille auch gleichzeitig Urtrauen sein? Ist kraftvolles Urtrauen Wille? Traue ich mit aller Kraft, daß sich die Dinge fügen? Ist das dann schon mein Wille? Oder bedarf es beider zusammen?

Und wie schaffe ich das Durchhalten? Liegt das ausschließlich nur am Algorithmus: Einstellung führt zu Verhalten führt zu Ergebnis? Woher kommt die Energie für ein dauerhaft gehaltvolles Wirken? Hast du schon mal etwas vom Phänomen des FLIEßEN LASSENS gehört? Kennst du das aus eigenem Erleben? Kann das eine Erklärung sein? Solltest du es überprüfen? Hast du bemerkt: Wenn du mit hohem Engagement, voller Lust und Freude und aus freiem Willen Dinge entstehen ließest, wenn Schöpfung wirkte, dir bislang unbemerkte Energien zur Verfügung standen, und die Fortentwicklung innerhalb des Prozesses wie von Geisterhand gesteuert mit Leichtigkeit gelungen ist? Was sind das für Energien? Woher kommt diese Energie? Ist es der Grund, aus welchem heraus ich etwas tue und damit auch, wie?

Ohne späteren Textpassagen etwas vorwegzunehmen – wie bemerken wir diese Energie? Wie ist es im Sport? Wie verhält sich ein Muskel, der trainiert wird? Und was passiert, wenn ich damit wieder aufhöre? Verhält es sich überall so im Leben? Willst du es ausprobieren?

Liegt im Anfang die Kraft?

Fließt der kreativen und schöpferischen Aktion nach klarer, binärer Entscheidung die gewünschte Energie zu?

Auszug aus Faust Teil 1 – Nacht

Faust:
„Wie alles sich zum Ganzen webt,
Eins in dem andern wirkt und lebt!
Wie Himmelskräfte auf- und niedersteigen
Und sich die goldnen Eimer reichen!
Mit segenduftenden Schwingen
Vom Himmel durch die Erde dringen,
Harmonisch all das All durchklingen!"

Johann Wolfgang Goethe

Wie Wahrnehmen, Denken, Nachdenken und Erkennen?

Warum Denken? Warum Nachdenken? Was ist Denken? Was ist Nachdenken? Wie funktioniert das? Wer bestimmt, worüber ich nachdenken will oder soll?

Worüber soll ich (Nach-)Denken? Ordnung? Chaos? Was sind geliebte Ordnung und gesegnetes Chaos? Sind es die entgegengesetzten Pole ein und derselben Sache? Oder sind sie gar identisch? Identisch? Nicht? Ist meine Ordnung möglicherweise für andere Menschen Chaos? Und wäre mein Chaos nicht eines Anderen Ordnung? Also ist eine sortierte Welt sowohl Ordnung als auch Chaos? Auch ordentlich durcheinander? Liebst du Tohuwabohu? Lebst du gerne im Staunen und Wundern? Fängt so offenherzige Wahrnehmung an?

Wie viele Ordnungen gibt es eigentlich? Sind wir schon in der Unendlichkeit? Und ist Chaos nicht nur einmaliges ewiges Sein? Also kann ich aus einem Chaos unendliche Mengen von Ordnungen entstehen lassen? Woraus entspringt das ewige Chaos des Seins? Ist das scheinbare Chaos nicht bereits die allumfassende Ordnung in der Einmaligkeit der Dinge und des Seins? Sind Ordnungen also immer nur der Erkenntnis dienende Momentaufnahmen des Schöpfungsprozesses aus ständigem Werden und Gehen? Ist Leben somit einfach das

„Durchleben" aller sich findenden Ordnungen voller Wundern und Staunen? Wer definiert Ordnungen? Wer legt mir meine Ordnung fest? Ist eine eigene, feste Ordnung im Sinne der Schöpfungsidee? Wo beginnt die Grenze der sinnvollen Ordnungen und Fragen?

Läuft demzufolge die Akzeptanz einschließlich einer einzigen Ordnung nicht einem sortierten Chaos und der Schöpfung als Ganzes zuwider? Wäre das Zulassen nur einer Ordnung nicht pures, unsortiertes, unheiles Chaos? Müssen nicht mehrere Ordnungen nebeneinander, geordnet nach Wahrscheinlichkeiten, erst das Chaos abbilden oder beschreiben oder entstehen lassen? Unendliches Wirrwarr oder herrliches Sein? Bringt die dauernde Suche nach der Erkenntnis von Harmonie im ewigen Chaos nicht erst wirkliches Glücksempfinden und Freude mit sich? Ist das jenes berühmte Salz in der Suppe?

Und noch eine ganz andere Frage? Heißt eine feste Ordnung oder Struktur gleich auch fixe Gewohnheiten und somit Starre? Laden Gewohnheiten uns zur trügerischen Ruhe im fortschreitenden Erkenntnisprozeß geradezu ein? Sind Gewohnheiten und eine feste Ordnung schon Hamsterrad? Gilt diese These der manifesten Ordnung nur für das Außen oder auch für das Innen? Nach welchen Ordnungsprinzipien gestalten wir unser Leben? Welche geschickte Ordnung ist sinnvoll, manifest zu werden? Welche sinnvolle Ordnung dient nur zum geschickten Erkennen und Gehenlassen? Wie wirbeln wir chaotisch sinnvoll unsere Ordnungssysteme?

Bemerke ich zunehmend beim lebendigen Durchschreiten der sich mir präsentierenden Ordnungsstrukturen die Tendenz vom Groben hin zum Feingliedrigen? Wird mir offenbar, daß sich mir die gleiche Frage immer wieder und wieder einfach nur feiner und herausfordernder zu durchschauen zeigt? Bleibt deshalb die unbedingte Neutralität einer Ordnung an sich erkennbar? Finde ich heraus, daß es oft einfach nur die Art der inspirativen Energie bleibt, welche uns eine Ordnung geschickt oder ungeschickt erscheinen läßt – die zwei Seiten der Medaille?

Bin ich offen genug im Denken, um mir alle Fragen zu gestatten und auch deren Antworten zumindest zu respektieren? Gehen wir in jedem Fall erst einmal davon aus, daß alles möglich ist? Nutzen wir das Ausschlußverfahren? Lassen wir alles zu in unserer Vorstellung, auch jenes, was nicht zu 100% eineindeutig wissenschaftlich und scheinbar lebenswirklich widerlegt/belegt ist? Bekommt also wirklich alles von Beginn an eine Wahrscheinlichkeit zugesprochen? Bekommt alles damit von Beginn an das Recht, daß wir es in unser Denken, unabhängig vom Ergebnis, bewertungsfrei mit einschließen? Lassen wir uns die Möglichkeit offen, auch das, was wir mit unseren Sinnen nicht wahrnehmen können, mit in Erwägung zu ziehen?

Akzeptieren wir also Existierendes außerhalb unseres Wahrnehmungs- und Vorstellungsrahmens? Müssen wir hier schon das erste Mal aus der Komfortzone heraus? Ja? Können wir damit umgehen, bisherige Glaubenssätze, welche sich aus Bequemlichkeit und Gewohnheit in uns hielten, über den Haufen zu werfen – einfach loszulassen? Tragen wir diese Bereitschaft zur Offenheit in uns? Willst du dir diese Frage an dieser Stelle vor dem Weiterlesen beantworten? Bist du bereit für die schonungslose Aufrichtigkeit dir selbst gegenüber?

Fühle ich mich in der Betrachtung von Fakten am sichersten? Beginne ich mit der Wissenschaft oder glaube ich einfach? Wem oder was sollte ich glauben? Und woran? Kann ich allem einfach glaubend trauen? Bringt mir das wirkliche Gewißheit und Beweis? Aber was ist Wissenschaft – Norm? Dogma? Oder Fundus? Was macht wirkliche Wissenschaft aus? Wem glaubt die Wissenschaft? Und wer glaubt in der Wissenschaft an wen oder an was? Wie frei möchte ich mit Wissen umgehen (dürfen), und wo und wie möchte ich sowohl Wissen schaffen als auch schöpfen (dürfen)? Welcher Wissenschaftler schöpft und findet frei und streng methodisch echtes Wissen? Und welcher Wissenschaftler erträgt den Prozeß des Entstehens und Gehens von Wissen? Wie ertrage ich selbst so etwas? Ist Wissenschaft nicht eine einzige Provokation; eine Aufforderung zur dauernden Widerlegung ihrer selbst im Ausschlußverfahren? Was verschafft mir wirklich innere Gewißheit? Wie entsteht inneres Urtrauen in Wissen für mich selbst? Kann ich mir, meinem Weg und meinen eigenen Methoden dabei immer trauen? Bin ich konsequent genug genau? Sollte ich das an dieser Stelle klären, bevor ich weiterlesend Fragen zulasse und beantworte? Falle ich sonst in den ungenauen Graubereich meiner eigenen Bequemlichkeit zurück? Fängt der ganze Schlamassel jetzt schon an mit dem Fünf-Phasen-Mut usw.? Sollte ich mir und meinen inneren Bildern grundhaft und frei jeder Bewertung trauen? Urtrauen? Was bin dabei ich und was mein Verstand? Sind beide gleich wahrhaftig?

Fangen wir einfach klein an? Was ist Wahrnehmung? Wie kommt wahrgenommene Information in uns hinein? Woher kommt sie? Was passiert mir/mich mit der Information? Was ist Information? Was steckt in der Information, welche als Wahrnehmung aus den lebendigen und materiellen geistigen Ideen unseres Umfeldes in uns dringt? Was geschieht mit der Wahrnehmung in uns? Wie entstehen Gedanken? Was sind Gedanken? Was ist ein Wort? Welche Aufgabe haben sie innerhalb des Denkprozesses? Wo fließen die Gedanken umher? Was lösen die Gedanken in uns aus? Zu welchem Ergebnis bringen sie uns? Was ist ein Begriff? Was sind Erkenntnisse? Wann begreifen wir? Wie begreifen wir? Und wie und wann erkennen wir? Wie weiß ich also nach welchem Vorgang, was ich wahrnahm? Und nehmen andere das gleiche und dasselbe wahr? Bekommen sie die gleiche und dieselbe geistige Idee als Information zur Wahrnehmung? Kommen die anderen dann zwangsläufig zur gleichen und/oder selben Erkenntnis? Wie entstehen Perspektiven? Warum darf es andere Perspektiven geben? Muß es die geben, und wenn ja, warum?

Durchatmen? Ja? Wie wäre es jetzt damit, alle Fragen einfach loszulassen und einen Waldspaziergang zu machen – ganz frei nach Johann Wolfgang Goethe dort, wo Geist mit Geistern sich anbindet? Mit welchen Geistern … ?

„Du bist der Geist, den du begreifst!"

Johann Wolfgang Goethe aus dem Faust Teil 1

Einstein – Aus der Wissenschaft ins Glück

Einmal Gedanke Einsteins sein -
frei von Raum und Zeit - ganz rein.
Ist alles nur noch relativ,
geht nichts im Leben wirklich schief.

Universen voller Energien
bilden mit mir die Synergien.
Nichts ist statisch auf der Welt.
Darum ist Neo auch mein Held.

Was existiert denn wirklich, wo?
Welche Materie macht uns froh?
Was ist echt und welches nicht?
An Dingen fest hält nur ein Wicht.

Was ist wahr – Realität?
Stimmt auch das, was ihr da seht?
Alle betrachten stets das Gleiche.
Für jeden anders steht die Eiche.

Nichts ist wahrhaft existent.
Wer noch dran glaubt, hat schön gepennt.
Unsere Matrix ist ein Schein.
Sie gaukelt vor bestimmtes Sein.

Pure Gedankenenergie
bringt uns bald so weit, wie nie.
Was wir in unserem Denken sehen,
wird flugs auf dieser Welt entstehen.

Fühlen sei die göttlich Kraft,
die bestimmt, was wird geschafft.
Emotionen, Seelenleben
lassen Raum und Zeit erbeben.

Und hängt sie noch so hoch, die Traube.
Bekomm ich sie, wenn fest mein Glaube.
Mein Denken so Materie schafft.
Einzig bestimmend: Herzens Kraft.

Bleibt man frei von allen Dingen,
siegt man im alltäglich Ringen.
Ich allein mach mir die Welt,
wie sie am besten mir gefällt.

Einzig mein Schöpfen hat die Macht,
was höchste Freude mir verschafft.
Glaube ich in Seligkeit,
hält mir das Leben Glück bereit.

Wo bin I.CH? – Ein möglicher Startpunkt

Was ist mit mir und um mich herum?

Woraus bestehen wir und alles? Worin ist AllEs? Was ist das eine AllEs? Was ist dabei innen und was außen? Was ist drinnen, was ist draußen? Was sind oben und unten? Also worin bin ich, oder was ist davon in mir? Wie ist alles miteinander gebunden? Ist alles in Anbindung? Und wenn nicht, warum nicht? Was ist allem gemein? Was eint alles, und was unterscheidet es? Muß es im Allem Unterscheidung geben? Woran machen wir Unterschiede fest? Wie differenzieren wir? Wollen wir differenzieren, wenn doch das Ganze immer viel mehr ist als die pure Summe seiner einzelnen Teile? In welcher Welt leben wir? Wie viele davon gibt es, wenn überhaupt? Warum ist alles im Dualismus scheinbar gegensätzlich? Gehören nicht die Gegensätze zu ein und demselben – bedingen sie gar einander? Würden wir das eine ohne das andere überhaupt wahrnehmen und erkennen? Wo liegen im unablässigen Schwingen von allem unsere eigenen Polaritäten innerhalb der Dualität? Wie erfahren und erleben wir das? Was und wie ist dabei der Raum, in welchem wir dies alles erfahren können?

Sind wir nicht alle ein bißchen Maya (Illusion)? Wie bitte? Illusion? Warum Illusion? Warum nicht Illusion!? Und wenn ja, welcher Art Illusion und überhaupt? Was macht die gefühlte Wirklichkeit zur Illusion? Oder was macht die Illusion zur gefühlten

Wirklichkeit? Wie können wir beides voneinander unterscheiden? Wer gibt uns das Recht, das unterscheiden zu wollen? Möchte ich das überhaupt unterscheiden? Was hätte es für Folgen, es nicht zu unterscheiden? Was hätte es zur Folge, gäbe es gar keinen Unterschied? Was geschähe mit mir, gebe es einen oder keinen Unterschied? …Oh, wäre ich dann auch nur eine Illusion? Ganz oder gar nicht oder ein Teil? Welcher Teil von mir wäre Illusion? Gibt es ein dazwischen? Wenn ja, was drücke ich In-(meiner)-FORM-ation aus? Bin ich nur Information? Wovon? Wer hat mich informiert? Bin ich, wenn ich informiert bin, helle? Bin ich, wenn ich informiert und helle bin, ein Lichtwesen?

Darf ich dir einen gedanklichen Ausgangspunkt empfehlen? Machen wir es vorbildlich, wie in der Wissenschaft, mit einem Axiom? Brauchst du eine Grundannahme für deine Lebenswirklichkeit?

Was ist deine Basis:

1. Urknalltheorie – Alles ist tote Materie?
2. Ist der Ursprung von allem ewiges Bewußtsein, Licht und Liebe?
3. Sind beide Annahmen in Symbiose die Wirklichkeit?
4. Haben wir Affen(-nachfolger) im Urwald die Banane gekrümmt oder geklaut?
5. Deine Antwort…?

Willst du auf dieser Basis die weiteren Antworten für dich auferbauen? Kannst du gerne, mußt es aber nicht … Ist es für dich in deiner Ordnung, daß sich deine jetzige Grundannahme im Laufe der Antwortenfindung im weiteren Fortschreiten neu gestaltet?

Wie unterteile ich mir mein Drumherum? Kann man es unterteilen, wenn doch AllEs eins sein darf? Minerale – Pflanzen – Tiere – Mensch - Äther? Was lebt und was nicht? Was existiert in welcher Form? Und welche In-FORM-ation trägt es dann in sich? Ist es elementar Erde, Wasser, Luft, Feuer oder plasmatisch? Was ist das eigentlich alles? Was hat alles gemein?

Chemie, Physik, Biologie…wie war das nochmal? Einzelwissenschaften – können diese die Ganzheit des (Ur-)Wissens ausdrücken? Alchemie, Metaphysik? Oder einfach nur alles zusammen – Leben? Schöpfung? Was ist es nun? Sind die gelehrten Wissenschaften Chemie und Physik und Biologie inhaltlich wahrhaftig – oder doch nur geleert?

Besteht das AllEs aus Atomen und Molekülen? Wie groß ist dabei der Zufall? Und wie groß ist der Zufall, dass AllEs so ist, wie alles erscheint? Wieviel wiegt der Zufall? Welchen Einfluss hat der Zufall beim Zusammenfallen von Atomen zu Gruppen und Molekülen und wieder zurück, die dann auch noch jeweils einen bestimmten Sinn ergeben? Wie kommt der Sinn dort hinein? Wie kommt man zur eigenen BeSINNung? Was sind Atome? Woraus bestehen sie? Wie klein sind die kleinsten Teilchen?

Alles Quanten und Photonen, oder was? (Sind die Füße auf dem Tisch nicht die schönste aller Quantentheorien? – eine Frage meines geliebten und gesegneten Sohnes Momo) Was und wie ist deren Steuerung und Koordination? Warum soll ich das jetzt wissen oder herausfinden, wenn sich an diesen Antworten schon Niels Bohr, Albert Einstein, Max Planck, E. Schrödinger und Werner Heisenberg und viele ihrer Nachfolger die Zähne ausbissen und begannen, spirituelle Gedanken zu hegen? Wie bitte? Diese Herrschaften glaubten an Gott? Wer oder was ist das, GOTT? Oder wie hält das Chaos sonst alles so geordnet zusammen?

Wenn ich bis im Allerkleinsten suche, wie setzt sich alles zusammen? Was – nur 0,00001 % von allem sind Materie? Und der Rest ist Leere? Was ist in der Leere? Energie? Bewußtsein? Geist? 99,99999 %? Was bleibt in den 0,00001 % Materie enthalten? Und was ist der übergroße Teil „Rest"? Ist es womöglich wirklich das viel zitierte allumfassende Bewußtsein? Alles Geist? Mein lieber Herr Hermes Trismegistos ... Du mit deinen Regeln Nr. 1, 2 ... 7?

Hm, dann bestehe ich selbst ja auch insgesamt nur aus 0,00001 % Materie? Und mein Sein sind 99,99999 % Energie – oder Bewußtsein? Wie hoch ist die strukturelle Dichte meiner Materie bei 75 kg Körpergewicht? Wie entsteht dieses Gewicht? Was macht mich so schwer? Wie wiegt man Energie? Was macht die ganze Energie in mir? Wenn alles in mir und um mich herum nur so ein geringer Teil

Materie sein soll, welchen Anteil hat diese in meinem Denken, Fühlen, Handeln? Was bedeuten 99,99999 % Bewußtseinsenergie? Und wenn doch alles fast nur Energie und Bewußtsein sind, warum kann ich so vieles berühren? Welche Reize nehmen meine Tastsinneszellen beim Berühren wahr? Berühre ich überhaupt? Was waren nochmal die Eigenschaften von Energie? Schwingungen? Wellen? Frequenzen? Vibrationen? Bewegung? Sind die nicht sogar teilweise unsichtbar? Oder können wir es nur nicht mit unseren physikalischen Sinnesorganen wahrnehmen? Kann ich nicht alles anfassen, und alles ist irgendwie physisch greifbar? Kann ich alles wahrnehmen, was existiert? Und existieren Dinge, die ich nur auf den „ersten Blick" nicht wahrnehmen kann? Wie ist Begreifen möglich, wenn man doch eigentlich gar nichts begreifen kann?

? … ?

"Meine Herren, als Physiker, der sein ganzes Leben der nüchternen Wissenschaft, der Erforschung der Materie widmete, bin ich sicher von dem Verdacht frei, für einen Schwarmgeist gehalten zu werden.

Und so sage ich nach meinen Erforschungen des Atoms dieses: Es gibt keine Materie an sich.

Alle Materie entsteht und besteht nur durch eine Kraft, welche die Atomteilchen in Schwingung bringt und sie zum winzigsten Sonnensystem des Alls zusammenhält. Da es im ganzen Weltall aber weder eine intelligente

Kraft noch eine ewige Kraft gibt - es ist der Menschheit nicht gelungen, das heißersehnte Perpetuum mobile zu erfinden - so müssen wir hinter dieser Kraft einen bewußten intelligenten Geist annehmen. Dieser Geist ist der Urgrund aller Materie. Nicht die sichtbare, aber vergängliche Materie ist das Reale, Wahre, Wirkliche - denn die Materie bestünde ohne den Geist überhaupt nicht - , sondern der unsichtbare, unsterbliche Geist ist das Wahre! Da es aber Geist an sich ebenfalls nicht geben kann, sondern jeder Geist einem Wesen zugehört, müssen wir zwingend Geistwesen annehmen. Da aber auch Geistwesen nicht aus sich selber sein können, sondern geschaffen werden müssen, so scheue ich mich nicht, diesen geheimnisvollen Schöpfer ebenso zu benennen, wie ihn alle Kulturvölker der Erde früherer Jahrtausende genannt haben: Gott! Damit kommt der Physiker, der sich mit der Materie zu befassen hat, vom Reiche des Stoffes in das Reich des Geistes. Und damit ist unsere Aufgabe zu Ende, und wir müssen unser Forschen weitergeben in die Hände der Philosophie." Max Planck

? ... ?

Was ist Wahrnehmung? Wie funktioniert Wahrnehmung? Wie dringt in mich, was mich umgibt? Womit ist der Mensch in der Lage wahrzunehmen? Was dringt in mich? Wohin dringt es? Wovon ist das Eindringen (lassen) abhängig? Wie bin ich davon getrennt oder damit gebunden? Was ist Bindung? Was ist Anbindung? Existieren die Dinge um mich herum erst, wenn ich sie wahrnehme? Wo sind sie sonst? Wie sind sie sonst? Sind sie erst existent, wenn ich sie bemerke? Wie entsteht also

Materie? Wie besteht Materie? Woraus entsteht Materie? Woraus besteht Materie? Wie manifestiert sich alles? Wenn, wie bei Wasser, aus Gas greifbares Flüssiges und Festes werden kann, wie ist das folglich bei Steinen und Gedanken? Welchen Einfluss hat mein freier Wille und mein Denken auf die Materie und die Energie und das Bewußtsein? Kennst du das „Doppelspaltexperiment" oder den sogenannten „Quantenradierer" und deren Ergebnisse aus der Quantenphysik? Willst du dies bitte ergründen, um auch diese Worte hier umfänglicher in dich aufnehmen zu können?

Was ist Natur und was ist Kultur? Wie gehe ich mit beiden um? Was unterscheidet beide voneinander und von mir? Was bindet mich mit beiden? Will ich mich damit gebunden fühlen? Ergänzt sich alles sogar? Was ist davon? Was kann ich davon schaffen? Wie gehe ich mit beiden um, wenn sie denn einmal existieren? Sollte mir das alles egal sein? Möchte ich dafür Antwortung tragen? Bin ich gar über beiden oder in einem existierend?

Welche Rolle spielen die meintlich mystischen fünf Elemente dabei? Warum finden wir die „fünf Elemente" nicht explizit im Periodensystem? Und warum lassen sich die fünf Elemente im Einzelnen wie im Ganzen nicht mit einer Einzelwissenschaft abschließend beschreiben? Wie kombiniert sich alles? Wie fließt alles um uns herum zusammen? Fließt es nur um uns herum? Oder fließt es gar mitten durch uns hindurch? Nehmen wir den Durchfluß wahr, wenn es denn so sei? Ist unsere Haut Abgrenzung oder Bindeglied? Ist unsere Struktur nicht gleich der jener Umgebung, welche wir als scheinbares Außen empfinden? Wenn Innen gleicht Außen und Außen gleicht Innen, wie es die hermetischen Gesetzte schreiben, was bin ich dann? Bin ich also das mich umgebende Sein? Bin ich jetzt aus mir oder meiner meintlichen Rolle gefallen, und wenn ja, wohin? Uups? Durchatmen? Wie jetzt „durch-" - ist es nicht rein und wieder raus? Warum sagt dann unsere so deutliche Sprache „durch-"? Ach ja, und wo sind nun die berühmten fünf Elemente zu finden?

Wollen wir in der Natur beginnen? Die Frage nach ihrer Herkunft können wir nicht klären? Stimmt das? Machen wir das von unseren Grundüberzeugungen abhängig? Gibt es für irgendeine Theorie unwiderlegbare Beweise? Oder ist alles Glaube? Und wenn ja, woran? Wer oder was erschuf die Natur? Wem oder was gelang diese orchestrierte Perfektion? Wie kann im Kleinen alles so sein wie im Großen und umgekehrt? Ist das alles urknalliger Zufall? Steckt etwas anderes dahinter? Weiß das wirklich niemand genau? Wer oder was schuf diese perfekt-fraktalen Strukturen in den Schneeflocken und Landschaften, in den Blumen, Blüten, Blättern, Gesteinen? Wer oder was komponierte die Zusammenstellung von allem und einzelnen Erscheinungen? Was ist im Innersten der Erde? Was ist auf dem Mond? Wer war denn wirklich jemals auf dem Mond? Wer hielt die Kamera, die den ersten

Menschen von außen auf dem Mond beim Aussteigen filmte? Warum hängt der Mond genau immer dort? Läßt sich unsere Natur messen? Ist es vermessen sie zu messen? Was sagen uns diese Maße? In welcher Maßeinheit kann ich dabei was wahrnehmen und erkennen? Gibt es auch da erstaunliche Strukturen? Wird die GEO-METRIE dabei am Ende zur Geisteswissenschaft – oder ist sie das gar schon? Wie sind diese Maßeinheiten entstanden und wer hat sie sich ausgedacht? Mit welcher inneren Offenheit möchte ich auf all diese Fragen Antworten finden? Wie kann ich am besten all das erkunden? Laß ich mich von dieser Pracht faszinieren, von dieser Vielfalt und üppigen Perfektion? Ist die Natur für den Menschen und das Leben geschaffen? Oder sind wir umgekehrt dafür gemacht? Wie spielt alles zusammen? Welche Rolle spiele ich im Naturorchester? Welches Instrument darf ich in welcher Tonart an welchem Ort dabei zum Klingen bringen? Wie kann ich in dieser perfekten symphonischen Harmonie mitschwingen? Wie, mitschwingen? Wieso schwingen? Alles Frequenz, oder was? War das mit den 99,99999 % Energie überall so?

Warum gibt es so viel Natur? Ist es nicht völlig übertrieben, diese Vielfalt der Arten und Sorten und von allem? Ist die Natur etwa ein Lehrbuch – ein Wissensspeicher? Und wenn, was steht da alles drin? Und für wen? Wer oder was will uns damit etwas mitteilen, wenn überhaupt? Kann ich damit etwas anfangen? Brauchen wir am Ende gar keine

Wissenschaft, die neues Wissen schafft? Sollten wir nicht einfach nur die gesamte Natur in ihren üppigen und mannigfaltigen Ausdrücken und Ausprägungen wahrnehmen, erkennen und nachahmen? Ist uns alles bereits gegeben? Sollen wir ganz simpel nur die Schöpfung in ihrer bereits vorhandenen Vollkommenheit erkennen? Sollten wir nur die Art unserer Betrachtung ändern und das Unfassbare zulassen – in uns und um uns herum? Wollen wir wieder lernen auch die sich bietenden Perspektiven außerhalb unserer physikalischen Sinne einzubeziehen und eine Bindung zwischen Allem herzustellen?

Wie nähere ich mich diesem Allem an? Wie gestalte ich meinen Umgang mit der Natur und allem Einzelnen in ihr? Darf ich sie mitgestalten, begleiten? Wie weitgehend darf ich sie mitgestalten? Kann ich sie als Mensch perfektionieren? Oder ist ihre Perfektion ein Lehrbeispiel zur Entwicklung meiner selbst? Wer lernt von wem? Welche Tricks und Kniffe kann ich der Natur ablauschen, den Pflanzen, den Tieren? Was halten sie für mich bereit? Kann ich diese Vollkommenheit kopieren? Ist das überhaupt möglich, wenn wir Menschen noch nicht mal in das kleinste Detail dieser Strukturen Einblick haben? Ist es Größenwahn im Allerkleinsten zu suchen? Wie groß darf unser Wahn sein? Was bringt uns das? Kann ich mit der Natur gesunden? Kann mir die Natur helfen? Kann ich der Natur helfen? Wie darf ich sie begleiten?

Woraus bestehe ich Mensch in Bezug auf die Natur? Ist es so, daß ich Mensch aus den Stoffen der Natur gemacht bin? Wie viele verschiedene Stoffe aus der Natur bilden zusammen meinen Körper, welcher in seiner Einzigartigkeit und Funktionalität ähnlich WUNDERvoll ist wie die Natur selbst? Bin ich vollkommene Schöpfung? Bin ich ewige Liebe? Bin ich ewiges Licht? Bin ich ewiger Frieden? Bin ich dann auch mein Körper? Oder habe ich einen Körper? Ist die Antwort darauf rhetorisch oder Weisheit? Oder sind es doch nur ca. 95 einzelne Stoffe aus der Natur und deren Kombinationen untereinander, wild zufällig aneinandergebunden, oder mehr, oder weniger? Welche sind das? Läßt sich somit eine Anbindung zur Natur, also der mich umgebenden Wirklichkeit, herleiten? Alles urknalliger Zufall?

… und ist Kultur das, was wir Menschen daraus und damit gestalten …? Ist das, was wir leben, überhaupt Kultur; also diesen Namen wert? Oder ist Kultur auch wieder nur eine Kategorisierung und Schubladeneinheit oder beides? Ist Kultur eine uns verharren lassende Ordnung aus dem Chaos? Ist Kultur Kontrolle? Wie bilden wir unsere reinmenschliche Kultur aus uns selbst heraus? Wie beschreiben wir dann unsere Art zu leben? Kann man es überhaupt beschreiben, wenn wir uns immer vom Moment leiten lassen? Haben alle Menschen womöglich die gleiche Kultur? Bedarf es kultureller Unterschiede? Oder sind diese Unterschiede gewollte Spaltung? Entstehen kulturelle Unterschiede aus Einzigartigkeiten der Menschen? Ist jede Einzigartigkeit Vollkommenheit? Ist jede Kultur also immer auch vollkommen? Was macht dieser Gedanke mit uns und dem Umgang von uns Menschen untereinander? Ist die Einzigartigkeit jedes Einzelnen unser aller Reichtum? Entspringt und mündet diese Einzigartigkeit und die damit gebundene Scheinbarkeit von Getrenntheit etwa in Einem?

Gab es eine die Welt umspannende Ur-Kultur? Warum gleichen sich alte Bauten überall auf der Welt in ihrer Architektur, die so großartig ist, daß wir sie heute nicht nachbauen können oder wollen? Warum lassen sich alle Sprachkonstrukte auf eine Ur-Sprache zurückführen? Was hat unser Goethe damit zu tun? Wie hat er zum Beispiel die Natur betrachtet und daraus Kultur erschaffen?

Was ist also wirklich unsere Kultur, und wie magst du sie ganz allein für dich definieren – rein aus deiner Inspiration und Intuition – aus deinen ganz eigenen inneren Gefühlen?

Folgen wir nur einem Kult? Wer hat diesen Kult geschaffen, dem die Lemminge treu und brav hinterher dackeln? Was ist unser wirklicher UR-Kult der KultUR? Was antwortet dein Inneres aus seiner ErINNErung?

Wer oder Was bin I.CH?

Hast du dir diese Fragen schon einmal gestellt? Und? Was waren deine Antworten? Hast du etwas herausgefunden? Waren es auch diese Fragen?

Bin ich mein Körper? Bin ich mein Verstand? Wie ist das alles entstanden, daß es so harmonisch miteinander wirkt und schöpft?

Und? Bist du dein Körper? Oder hast du einen Körper? Bist du dein Verstand? Oder hast du einen Verstand? Habe ich beide und bin sie trotzdem? Und, wenn ich das alles nur bewohne und hege und pflege und durch diese wunderbaren Gebilde hindurchwirke – was bin dann I.CH? Bin ich alles davon miteinander in sich geeint? Bin ich die Trinität aus Körper, Geist und Seele und noch vieles mehr? Wer davon ist was? Wer hat welches Wirkspektrum? Wie ist alles miteinander gewoben? Womit sind die Einzigartigkeiten noch gebunden? Wer hat diese Einzigartigkeiten Körper, Geist und Seele hervorgebracht? Wie ist das alles entstanden? Woraus hat sich was entwickelt? Halten die uns bekannten Lehren/Leeren wirklich allen Fragen und Erklärungssuchen stand? Was ist Dogma und was ist Möglichkeit? Können wir alle Fragen und Erkenntnisse jenseits der proklamierten Lehren/Leeren einfach ausschließen, nur weil wir sie mit unseren Mitteln nicht nachweisen können, dürfen oder wollen?

Wenn sich mein Körper innerhalb von sieben Jahren auf zellulärer Basis einmal komplett erneuert, und das immer wieder, werde ich dabei mit erneuert? Wo bin ich in der Zwischenzeit, wenn ich nicht mit den absterbenden Zellen alle sieben Jahre verstoffwechselt werde? Spiele ich in meinem Körper Versteck – von einer Zelle zur anderen? Und wenn mein Körper alle sieben Jahre neu ist, warum werde ich alt? Ist das nicht paradox? Was ist da los? Passiert alles von alleine? Welche Rolle spiele ich selbst aktiv bei diesen Prozessen? Wer oder was steuert dieses Faszinosum?

Wenn ich einen Körper und einen Verstand habe, wie komme ich dann dort hinein? Wann bin ich hineingekommen? Wie bin ich hineingeschlüpft? Bin ich wirklich drin, oder ist mein Körper in mir? Durfte ich mir meinen Körper aussuchen? Wer hat mein Sein hier bestimmt? Habe ich mir meine Familie, meine Eltern und meine Vorfahren selbst ausgesucht? Haben sie mich erschaffen oder nur meinen Körper gezeugt, und ich bin eingezogen? Was trage ich in meinem Körper und meinem Verstand von meinen Vorfahren bereits in mir? Wie kann mich das beeinflussen? Wie kann ich es beeinflussen? Was gibt mir die Gestaltungskraft hierfür? Wo wohnt der Wille in meinem Körper und in meinem Verstand? Wo in allem entstehen Bewußtsein, Kreativität, Wünsche, Entscheidungen? Wer in dieser zauberhaften Trinität bringt diese Dinge hervor? Wie kommen Ideen, Wünsche und Erkenntnisse in mich hinein? Womit bin ich gebunden? Worin befindet sich all das Menschheitswissen, welches ich in mir spüre? Warum kennen wir trotz vollständiger Entschlüsselung unserer DNS nur von 10 % die Funktion? Warum können wir scheinbar nur 10 % unseres Gehirns nutzen? Was ist jeweils mit den anderen 90 Prozent?

Wo in mir entstehen meine Gefühle? Wenn doch alles dreidimensional sein soll, wo sind bei Länge, Breite und Höhe die Koordinaten der Gefühle anzusiedeln? Wie entstehen Emotionen in mir? Machen Gefühle und Emotionen erst den Menschen aus mir, der ich sein möchte? Woher weiß ich, welcher Mensch ich sein möchte? Kann ich mein I.CH-Sein beeinflussen? Wie kann ich beeinflussen, wer ich bin? Darf ich das mitbestimmen? Woran darf ich mich dabei orientieren? In welchem Umfeld wird meinem Sein eine Richtung vorgegeben? Ist das überhaupt so? Oder bestimmen wir in jedem Augenblick selbst neu, wer wir sind, und was wir sind?

Wie tun wir das? Haben wir die Kraft dafür? Dürfen wir das? Müssen wir überhaupt fragen? Wen denn? Wo liegen dafür Toleranzgrenzen, wenn es die gibt?

Und wie wirkt sich all das von mir Bestimmte auf mein Umfeld aus? Was ist mein Umfeld? Wo sind meine Grenzen? Gibt es für mich Grenzen? Wie viele Körper bin ich und in welchen Ausmaßen? Wie definiert sich alles? Wer darf uns Menschen etwas definieren? Hat das etwas mit Macht zu tun? Welche Macht habe ich über mich? Wie gehe ich damit um? Wieviel Macht habe ich über mich? Wieviel Macht darf ich über mich haben? Wie frei bin ich in all den Entscheidungen? Darf das eingeschränkt werden? Wer darf so etwas einschränken? Wie darf man einschränken?

Was bestimmt mein Denken und Tun? Welche Prämissen sollten mir als Mensch dabei in den Sinn kommen? Gibt es fixe naturgegebene Gesetze? Woher kenne ich diese? Wie erfahre ich das? Oder steht alles in mir geschrieben? Wo finde ich das in mir? Wie finde ich das in mir? Wer kann mir dabei helfen? Worauf kann ich mich dabei einlassen?

Bin ich immer das Bestimmende über die Einheit aus Körper, Geist und Seele? Kann mir die Gestaltungshoheit auch entgleiten? Wer übernimmt sie dann? Kann der Körper allein mein Leben führen? Kann mein Verstand die Steuerung all meines Lebens innehaben? Können Körper und Verstand beide gemeinsam mein Leben führen? Wie kann ich mitgestalten? Haben Körper und Verstand einen eigenen Willen, der entgegen meinem Willen zur tiefen Lebensfreude entgegenstehen kann? Wie erkenne ich derartige Zustände? Möchte ich diese überhaupt erkennen? Ist so etwas unbequem? Welche Funktion übernimmt dabei mein Gehirn? Stehe ich damit völlig allein? Woher bekomme ich innere Hilfe? Wie kann ich aus einer sich selbst immer schneller drehenden Spirale herausfinden oder gar abspringen?

Welche Zustände, in mir und von mir erzeugt, möchte ich erleben? Wie kann ich diese entstehen lassen? Wie merke ich, in welchem dieser Zustände ich mich am wohlsten fühle? Welche Kombination aus verschiedenen Zuständen dabei bin ich? Bin ich eine fix bestimmte Kombination? Ist die vorgegeben? Erlerne ich das alles? Kann ich es erfühlen oder erspüren?

Wie viele Möglichkeiten des Seins bin ich, wie viele darf ich sein? Wie viele Möglichkeiten des möglichen Seins möchte ich sein? Woher weiß ich, ob ich denn auch schon alle Möglichkeiten kenne? Kann ich alle Möglichkeiten kennen? Darf ich alle Möglichkeiten kennen? Wo finde ich alle diese Möglichkeiten? Wie entstehen alle diese Möglichkeiten? Kreiere ich diese Möglichkeiten alle selbst? Werden die Möglichkeiten nur vorgegeben? Woran merke ich, daß die erkannten Möglichkeiten wirklich meine eigenen sind? Oder soll ich mich etwa anderen zuliebe nur für eine bestimmte Möglichkeit entscheiden? Wie frei lasse ich mich bei dieser Entscheidungsfindung sein? Wie bewußt achte ich dabei auf mich? Und wenn ich auf mich achte, worauf sollte ich dabei genau achten? Weil: Was bin ich denn nun wirklich? Was macht mich als I.CH aus? Wer achtet dabei auf wen? Ja, Durchatmen, wer achtet bei wem in uns auf was?

Eins

Im Ganzen mag mein Heil ich finden.
Gut und Böse sind geeint.
Entscheidungen im Herzen münden,
was um mich erscheint.

Gelebt auf beider Welten Seiten
ganz und gar und mittendrin.
Kann nichts davon als Fehl bestreiten -
einfach nur I.CH bin.

Ein jeder Weg Erfahrung birgt,
den die große Seele geht.
Im ganzen Einen es bewirkt,
wo´s dann geschrieben steht.

Nichts sei gebannt mitten im Leben.
Ist es doch diese Kraft,
aus der des Herzens frohes Beben
in weise Richtung schafft.

Heil in Ergebung ewig ruht
für beider Seiten Streben.
Frieden entsteht aus der Liebe Mut.
Harmonie wir(d) gütig geben.

Wann bin ich Eins mit mir?

Diese Frage drängt sich auf? Warum? Wie mache ich aus der an sich genialen und vollkommenen Trinität von Körper, Seele und Geist EINS? Womit möchte ich denn noch EINS sein, um EINS mit mir zu sein? Was gehört insgesamt alles dazu? Bin ich dann ganz beisammen? Habe ich dann „alle"? Bin ich dann völlig in (meiner) Ordnung? Hast du diese Fragen auch schon einmal gestellt bekommen, als du außer dir warst, also nicht ganz bei dir? Wo sind wir dabei eigentlich? Wann sind wir EINS mit uns und wann nicht? Woran machen wir das fest? Wie können wir das erkennen? Auf welchem Weg gelangen wir an dieses Ziel?

Wann weiß ich, wer oder was ich bin? Wann weiß ich, daß ich wirklich bin; daß alles um mich herum wahres Wirklich ist? Und wann weiß ich, daß ich EINS mit mir bin? Wo bin ich dieses EINS und mit wem? Welches innere Gefühl darf an diesem Punkt entstehen und sein? Wer oder was geben mir das Gefühl, diese Fragen beantwortet zu haben? Gibt es darauf sprachlich erschöpfende Antworten? Ist es etwa ein unbeschreibliches Gefühl in mir? Und wo ist dieses in mir? Wie bin ich im EINS mit mir und dem Ummichherum? Was ist erfüllt in diesem Zustand der Fülle? Ist es Fülle, die Vollkommenheit der Schöpfung, die wir in uns tragen, einfach zu spüren?

Wieviel gehört dazu? Oder erreiche ich diese Fülle des EINS-sein gar durch Verzicht und Reduktion auf ganz wesentliche Dinge? Was sind diese wesentlichen Dinge? Was sind überhaupt DIE wesentliche Dinge zum glücklichen und erfüllten EINS-sein? Was machen wir aus welchem Grund zum wesentlichen Ding in unserer Leben? Sind diese wesentlichen Dinge unsere Werte – menschlich, wie gemeinschaftlich? Wie stark ist dieser Entscheidungsprozeß vom Außen geprägt? Wieviel Außen lassen wir dabei als Antworten auf die Frage nach dem Wesentlichen, unseren Werten in uns gelten?

Sollten wir dabei ausschließlich nur auf unser Inneres trauen? Wie entstehen unsere Werte in uns? Wie finden wir diese? Müssen wir sie suchen? Oder können wir unsere wirklichen naturgegebenen Werte in uns erspüren? Wie erkenne ich meine Werte? Kann ich das aus dem erlebten Leben heraus fühlen? Fühle ich mich handelnd im Einklang mit meinen Werten freier oder/und glücklicher? Leben sich Werte so einfach? Oder ist das alles viel mehr als bloße meintliche Esoterik? Wollen wir erstmal beim inneren Empfinden bleiben?

Ab welchem Stadium der Beherrschung der Ausgewogenheit zwischen Körper, Geist und Seele bin ich im EINS mit mir und meinen Werten? Wie stark kann ich meinem Empfinden trauen? Kenne ich mein Empfinden gut genug, um daraus wahrhaftige Ableitungen zu bewirken? Kann ich mein Empfinden von meinen Gefühlen differenzieren? Bedarf

das eine des anderen? Welche Quellen haben beide
– Empfindungen und Gefühle? Sind beide wirklich
ausnahmslos meine eigenen Energien?

Welchen Anteil bei allem hat der aktive Verstand?
Darf er dabei überhaupt Mitspracherecht erhalten?
Ist es gar eine Symbiose aus Herz und Verstand –
wie so oft im Leben? Wer darf in dieser Symbiose
die Federführung innehaben? Wer sollte das bes-
tenfalls sein - Eines dieser beiden oder gar eine andere Instanz in uns? Welche Instanz wäre das dann?
Wer gehört zu wem? Wie bekomme ich nur die Ant-
wortlichkeiten in mir in eine prächtige Ordnung?
Bin ich EINS mit mir, wenn ich das geklärt habe?
Ganz radikal (Radix = Wurzel)?

Wieviel Reduktion bin ich bereit, auf der Suche
nach dem EINS mit Allem hinzunehmen? Ist dabei
Entsagung sogar Gewinn? Und was gewinne ich
wobei, wenn ich Dinge temporär oder ganz abgebe
und loslasse? Bedingen sich Fülle und Entsagung,
oder lassen sich beide gar parallel leben? Bedarf das
Erkennen von Fülle Entsagung? Heißt Entsagung
gleichzeitig Aufgabe von Wohlstand? In welchem
Miteinander und welcher Ausgewogenheit stehen
Fülle und Wohlstand und Entsagung?

Was bleibt in mir – „I.CH bin“? Wieviel ist „I.CH
bin“? Was steckt da alles drin? Wie denke ich in diesem Zustand über materielle Dinge? Wie viele Erlebnisse und Erlerntes aus der Gegangenheit dürfen
dabei eine Rolle spielen? Wie lasse ich alt erlernte

Assoziationen raus aus der ständig ablaufenden EGO-Verstand-Bewertungs-Schleife?

Ist EINS-sein abhängig von Zeit und Raum? Gibt es im EINS mit mir und Allem überhaupt das Gespür für Zeit und Raum? Lösen sich beide in dem Gefühl der Vollkommenheit und des ewigen inneren Friedens auf?

Wann fühle ich mich denn nun genau eins mit mir? Halte ich dabei die Augen geschlossen? Bin ich dies, wenn das allergrößte Gewusel um mich herum tobt? Kann ich das im Gefühl der größten inneren Ruhe und im Tohuwabohu-Zustand sein? Sollte beides diesen Zustand des EINS-seins in sich bergen? Wollen wir dieses wundervolle und zauberhafte Gefühl nicht permanent in uns spüren? Aber wie erreichen wir das?

Wenn ich sitze und meine Äuglein schließe, kann ich …?

Wie läßt sich ein solcher Zustand beschreiben? Was passiert mit und in mir, wenn ich einfach nur da sitze und mich selbst beobachte? Wer treibt dabei welchen Schabernack in und mit mir? Was läßt sich über den Körper alles berichten? Wie gebärdet sich meine Atmung? Was macht sie alles ganz von alleine und wie? Fange ich an, meine Atmung unbewußt oder bewußt zu steuern, während ich beobachte? Oder kann ich es einfach atmen lassen? Wohin wandert meine Aufmerksamkeit in meinem Körper, lasse ich ihr freien Lauf?

Was läßt sich über den aktiven Verstand, der das in diesem Moment gar nicht sein soll, berichten? Welche Gedanken schickt wer durch unsere Wahrnehmung? Was passiert mit diesen Gedanken? Was mache ich mit diesen Gedanken? Was machen die Gedanken mit mir? Denke ich selbst diese Gedanken? Oder fühlt es sich an, als würden die Gedanken gedacht werden? Lassen sie mich und ich sie in Ruhe einfach sein? Schaffe ich es, mich einfach nur selbst zu beobachten, ohne zu bewerten oder anderes aus dem Wahrgenommenen abzuleiten? Einfach nur mir selbst zuschauen beim Sein? Wie lange halte ich das aus? Wie fühle ich mich dabei? Was fühle ich dabei, wenn ich mal ganz alleine mit mir bin?

Wieviel gibt es zu beobachten? Ist es unendliche Ewigkeit oder die ewige Unendlichkeit? Was davon dauert eigentlich länger? Schließt das eine das andere ein?

Was glaubst du? Was möchtest du noch alles aus dem Weg räumen, weil es dich von der Wahrheit trennt - weil es dich von dem trennt, was du schon bist und auch schon in deinem tiefsten, inneren Wesen weißt? Was trennt dich noch von tiefem, inneren Frieden? Wird dir langsam gewahr, daß dich noch so viel Wissen eher immer mehr wirrt? Oder findest du durch noch mehr und noch mehr intellektuelle Befriedigung innere Befriedung? Können Worte nicht immer nur WegWEISEr sein? Ist dir eigentlich bewußt, daß der Weg zu dir ein einsamer

Weg ist, den du im MutterseelenAllEin gehen wirst? Liegt aber darin nicht der Reiz, mit sich ganz AllEin bei sich anzukommen und bei sich sein zu dürfen? Wenn man es schon kennt, dieses Gefühl – ist es nicht unbeschreiblich in seiner Tiefe, Pracht und Fülle? Kann man sich diese Welt erdenken? Oder ist es eine viel tiefere Dimension von einem selbst, die man spüren darf – in der tiefsten inneren Stille? Kannst du dann, wenn du tief in dich blickst, über dein Selbst hinaussehen? Kannst du die Tiefe des Seins und deines Seins erkennen – die ewige und unendliche Weite?

Auszug aus Faust Teil 1 - Nacht

Geist:
„In Lebensfluten, im Tatensturm
Wall ich auf und ab,
Wehe hin und her!
Geburt und Grab,
Ein ewiges Meer,
Ein wechselnd Weben,
Ein glühend Leben,
So schaff' ich am sausenden Webstuhl der Zeit
Und wirke der Gottheit lebendiges Kleid."

Johann Wolfgang Goethe

Wie kommuniziere ich mit mir selbst?

Ist jetzt eigentlich alles zu spät? Entrückt? Weltfremd? Sind die, welche mit sich selbst reden/ kommunizieren, nicht … naja, so ein bißchen wie nicht von „hier"? Von welchem „hier" ist die Rede? Ist „hier" nicht überALL? Wo ist überall, wenn es doch hier ist? Sei das die Antwort?

Ist es die Stille, die mich zu mir führt? Welche Stille? Ist es die äußere Stille oder die innere Stille? Bedingen sich beide? Kann ich beide findend beeinflussen? Sollte ich Stille aktiv finden, um mich zu hören und meiner inneren Stimme zu lauschen? Wie oft und wie lange tut man das, wann ersinnt man, was man da hört? In welcher Sprache kommuniziert die innere Stimme? Wie viele innere Stimmen haben wir? Sprechen sie in Bildern mit mir? Zeigen sie mir ihre Existenz durch körperliche Wahrnehmungen – „es schauert mich" zum Beispiel? Wie stelle ich meine Fragen an mich? Wie lange dauert es bis zur Antwort? Sollte ich dieses Lauschen üben? Wie gehe ich mit den Antworten um, welche aus mir herauskommen?

Ist mein Wille stark genug, danach den ersten und alle weiteren Schritte zu gehen? Fünf-Phasen-Mut?

Traue ich darauf, daß es unzählige Möglichkeiten gibt, viele mehr als ich erfassen kann? Traue ich der ewigen, schöpferischen Intelligenz? Kann ich als Antworten all diese Möglichkeiten unbewertet für mich gelten lassen? Bin ich treu in meinem Trauen in die Schöpfung?

Bin ich angebunden mit meiner Inspiration und Intuition und offen für meine eigene Spontanität? Was sind meine Inspiration und Intuition? Wie spüre ich sie in mir? Sind sie mein Bauchgefühl? Sind sie Impulse meines Körpers? Leitet mich eine nicht beschreibbare innere Kraft? Wie nehme ich sie wahr? Wann kann ich diese inneren Stimmen wahrnehmen? Ist das wieder das Lauschen in die Stille?

Mit wem kommuniziere ich oder mit welchem Teil meiner selbst? Bin ich dabei etwa eine gespaltene Persönlichkeit, wenn ich mit mir selbst rede? Und, wenn ja, wo kommen die anderen „ich" alle her? Wer sind die anderen in und mit mir? Und was tue ich, wenn ich mal mit mir ganz allein sein will? Bin ich dann mit allen AllEin? Wenn alle ich aus meinem I.CH wahrnehmbar gelten mögen, wie vielstimmig ist der Chor? Bin ich trotzdem heil? Was wirken die sogenannten anderen in uns? Was haben die dort eigentlich verloren? Bringen die „anderen" „meine" Ordnung ins Chaos, oder ordnen sie mein Chaos? Worüber konferieren wir ich? Ist in mir die vielstimmige Büchse der Pandora gesteckt? Was passiert, wenn die einfach aufspringt? Och nö, vorbei mit der Ruhe im inneren Frieden, oder entsteht diese gerade dadurch?

Ist es nicht ein HERRliches Sein, wenn sich auch so gar nichts mehr abgrenzen lassen will? Kommst du ins Schwimmen, oder empfindest du es als ein

Treiben im unendlichen Ozean? So als kleiner Wassertropfen mittendrin?

Ach ja, was sind nun solche meintlichen Abspaltungen? Wenn es doch so gar keine wirkliche Zeit gibt, bin ich einfach nur alle Inkarnationen, so man es für möglich hält, gleichzeitig? Moment mal im Moment: Wie soll das gehen? Sind Abspaltungen also keine Abspaltungen, sondern sind es doch einfach nur andere Anteile meines Selbst, die nicht ich und trotzdem im I.CH sind? Wieder Tohuwabohu?

Selbst, wenn diese Stimmen nur in mir toben … wer tobt mit wem? Willst du jetzt lieber vom Dorie-Syndrom geplagt sein, oder „geblitzdingst"?

Und angenommen, wir sind die Ausnahme und haben keine Abspaltungen …? Mit wem kommunizieren wir, wenn ich mit mir selbst rede? Ein Tanz ums Honigkuchenpferd? Na dann: Hüh!

Ernsthaft bleibt dennoch die Frage, wie sich Körper, Geist und Seele Ideen und Informationen tauschen? Und wer davon bin I.CH im Informations- und Ideenfluß – mittendrin oder gar doch eine Extrainstanz?

Welche Sprache sprechen Körper, Geist und Seele? Wie erkenne ich, wer sich von denen gerade bei mir meldet? Bemerke ich sie überhaupt? Besteht die grundsätzliche Möglichkeit, daß man es bemerken kann?

Hm, die Seele soll für Psyche und Gefühle und so zuständig sein? Mit welchen Gefühlen könnte sie mir HinWEISE schenken wollen, wenn es die Seele selbst gäbe? Was würde sie raten können, gäbe es einen Seelenplan? Kann ich sie auch selbst ansprechen und fragen, wo es lang gehen soll? Oder habe ich nur Anweisungen zu befolgen? Wäre vielleicht bequem? Na ja, und wie ist es dabei um den freien Willen bestellt? Darf oder soll ich mich gar über meine Seele hinwegsetzten? Welche Folgen hätte dies? Wie bekäme ich diese Folgen zu spüren. Würde man es überhaupt merken? Oder ist das hier alles nur ein Gedankenspiel – bedeutet die Kommunikation zusätzlichen Streß oder gar Erleichterung?

Wäre es ein Weg, achtsam und konsequent immer dem allerersten Gefühl/ Empfinden zu folgen, welches sich als „ungefragte Antwort aus dem Innen" zeigt – ganz leise zeigt? Was? Ohne darüber nachzudenken, zu bewerten, abzuwägen usw.? Urtrauen? Ja?!

Ist dir schon einmal aufgefallen, daß es bei Selbstgesprächen zwei Varianten gibt? Spricht man einmal in der I.CH-Form? Und spricht man sich manchmal recht anweisungshaft passiv an? Wer will einem da die sogenannte Richtung vorgeben? Könnten „der oder die Passive" der Geist sein, und wir folgen auch hier einfach trauend genau diesen Worten? Ist Geist unser Intellekt oder Verstand oder gar eine Ebene übergeordneten Wissens?

Fällt es leichter, die Sprache des Körpers zu ersinnen? Impulse wie Hunger, Durst, müde erkennen wir schnell? Wie ist das mit Krankheiten? Was will unser Körper uns damit sagen? Wird es da schon etwas komplizierter? Sollten wir diese Sprache erlernen – einfach so für uns, unser Wohlbefinden? Und wieder trauen?!

Wodurch wird eine so komplexe innere Kommunikation bewerkstelligt? Reicht dafür unser rein elektrisches Nervensystem aus? Oder gibt es jenseits der bekannten Anatomie weitere Leitsysteme mit wesentlich höherem Informationsdichtegehalt und höherer Geschwindigkeit? Etwa Licht in nicht sichtbaren Frequenzbereichen? Die Reaktionsgeschwindigkeiten in manchen Lebensgefahrensituationen ließen auf ein schnelleres als das Nervensystem schließen?

Beginnt eine geschickte Kommunikationsfähigkeit somit immer in uns selbst? Wieviel finden wir in uns, wenn wir unseren inneren Instanzen einfach mal Gehör schenkten, und es achten und beachten und leben? Leben wir dabei uns? Leben wir dabei endlich unser eigenes Leben? Wie nahe kommen wir Inspiration und Intuition? Lernen wir uns auf diesem Weg nach innen besser kennen und ersinnen? Entdecken wir gar bislang noch im Unsichtbaren geborgene zusätzliche Sinne? Steigen wir Schritt für Schritt in unsere eigenen Tiefen, entlang auf der Wendeltreppe am inneren Rand des Orkans, hinein in die Ruhe im Auge des Sturms? Was finden wir auf Grund, wenn wir unseren inneren Stimmen das gebotene Gehör schenken?

Ist Jenseits Diesseits der Stille

Ebenentief geschmolzen in die Stille,
Diesseits und Jenseits in mir gebunden.
Bin nah bei mir mit Absicht und Wille.
In diesem Raum kein Schmerz der Wunden.

Wirke schwingend durch mein Sein.
Die ewige Liebe trägt.
Aus aller Dimensionen Schein
AllEs ist - was mich hier prägt.

Um mich herum üppige Maya -
die große Illusion.
Was drückt mich ein, was drück ich aus?
Liebe wird Passion.

Bindung rein aus Herzens Grund
läßt mich dort friedlich ruhen.
Ende ist Anfang im Kreisesrund.
Nichts bleibt mehr Trennung im Hier.
Und nun?

Auszug aus Faust 2 – 1. Akt

Chor:

„…
Wunsch um Wünsche zu erlangen,
Schaue nach dem Glanze dort!
Leise bist du nur umfangen,
Schlaf ist Schale, wirf sie fort!
Säume nicht, dich zu erdreisten,
Wenn die Menge zaudernd schweift;
Alles kann der Edle leisten,
Der versteht und rasch ergreift.“

Johann Wolfgang Goethe

Was ist die Wirklichkeit?

Nun, werden die Fragen interessanter oder einfacher? Ist die Frage nach der wirklichen Wirklichkeit nicht die logische Folge auf die Frage, wer oder was I.CH bin? Bin ich denn selbst Wirklichkeit? Oder bin ich nur ein Traum? Woher wollen wir das wissen? Was beeinflußt unsere Wahrnehmung? Wer oder was läßt uns was als Wirklichkeit wahrnehmen? Ist das nicht alles wirr und/oder irr? Sitzen wir in Platons Höhle?

Wissen wir, ob wir mit unseren Sinnen frei wahrnehmen können? Gibt es Einflüsse, welche uns von einer freien und wirklichen Wahrnehmung der wirklichen Wirklichkeit abspalten oder alles zerren? Sind wir uns dessen überhaupt bewußt? Wollen wir aus der für uns gefühlt real existierenden Wirklichkeit heraus, so sie es denn nicht wäre? Wo fangen wir an, um das herauszufinden?

Wie definiert sich für uns Wirklichkeit? Hängt das gleich mit Wahrhaftigkeit zusammen? Mit wie vielen Wahrheiten habe ich es dann zu tun – meine eigene Wahrheit? Was ist Wahrheit von dem, was mich umgibt? Was an wahren Dingen umgibt mich wirklich? Kann es auch halb wahr sein, was ich erlebe oder denke, daß ich es erlebe? Wovon hängt es in mir ab, was für mich die mit absoluter Gewißheit getragene Wirklichkeit und Wahrheit ist? Kann ich das anhand der mir zugänglichen Erkenntnisse und Erlebnisse überhaupt gewiß ermitteln? Gibt es nun eine Wirklichkeit – oder ist alles einfach eine große Illusion?

Ist Wirklichkeit unsere Herkunft? Aus welcher wahren Wirklichkeit kommen wir, und in welcher wahren Wirklichkeit kommen wir nach unserer Lebensreise wieder an? Sind das ein und derselbe Ort? Kommen wir aus schöpferischer Vollkommenheit, ewiger Liebe und ewigem Frieden hierher, um anhand der Dualität die Polaritäten des Lebens innerhalb von Vollkommenheit zu erlernen und zu erspüren? In welchen Wirklichkeiten bewegen wir uns dabei? Wo finden wir die Antworten auf diese Fragen? Wo fangen wir an zu fragen?

Woraus besteht die Wirklichkeit? Was wissen wir dazu? Ist alles erstmal nur einfach Energie – ganz einfach Bewegung? Wie wird aus dieser einfachen Bewegung Lebensenergie? Was bewegt sich dabei und wie? Was hat sich in unserer urknalligen Wirklichkeit denn als erstes bewegt? Was hat sich wie lange und wie bewegt, daß es zu einem Urknall kam? Was hat den Urknall knallen lassen? Was knallte und zerbarst – wenn überhaupt? Welche Bewegung und welches Bewegte hat sich dabei wie geändert? Was bewegt sich nun anders als vor dem „Husten" der Schöpfung? Bedingen bewegter Weise Schöpfung und Urknall energetisch einander? Weiß das jemand mit eineindeutiger Gewißheit?

Ja, was ist die Wirklichkeit? Ist die Wirklichkeit ein heliozentrisches Welterscheinungsbild? Was sind

Sonne und Mond wirklich? Warum sind die uns dargelegten Narrative einfach so selbstverständlich die einzig wahren wirklichen? Wer darf das eineindeutig bewiesen behaupten? Gibt es nicht auch unzählige Argumente für eine flache Erde in einem Erdenball? Kann irgendjemand mit Gewißheit die Perspektive des anderen ausschließen? Wissen wir mit Steinerscher Gewißheit, was wirklich ist? Oder wissen wir nichts?

Ist unsere ganze Geschichte wirklich und wahr oder wirklich wahr oder eine einzige Truman-Show? Sind alle archäologischen Funde in unserer Geschichtsvariante passend? Oder gibt es andere Interpretationsmöglichkeiten über unsere Herkunft, die Entstehungsgeschichte der Erde, die Entwicklung der Menschheit als Ganzes? Und, und, und?

Leben wir in einer Couch-Komfortzonen-Wirklichkeit, also einer Variante als Wirklichkeit, die uns „In-Ruhe-Leben" läßt? Ist das Leben?

Zurück zur Energie - was geschieht nun mit dieser Energie als erlebtes Leben um uns herum? In welchen Formen spüren wir diese Energien oder nehmen sie wahr? Wie geben die Schöpfung und die Natur uns diese Energie? Gibt es sogenannte Lebensenergie? Wo finde ich diese? Kann Energie verloren gehen? Wie gehen wir am besten mit Energie um? Mit welcher Energie sollten wir wie umgehen? Wie gehen wir mit der Lebensenergie um? Ist nicht alles Lebensenergie? Wie spüren wir, was für uns Lebensenergie ist? Sind wir Energie? Bestehen wir aus Energie? Funktionieren wir energetisch? Welche Energien wirken in uns und um uns herum, welche die Wirklichkeit abbilden? Welcher Art Energie ist dabei die vor dem Fenster tanzende Schneeflocke? Was hat diese bezaubernde Schönheit in Struktur und Sein so entstehen lassen? Mit welcher Energie aus Bewegung heraus ist dies geschehen? Womit kann ich diese Wirklichkeit des Schneeflockenseins beeinflussen?

Welchen Einfluß habe ich auf die Wirklichkeit? Was dabei kann ich gestalten und potenzieren oder egalisieren? Kann ich mit den Energien spielen oder jonglieren? Was ist mir in meinem menschlichen Dasein davon möglich? Kann ich Wirklichkeit teilen oder senden, wenn ich doch Energie teilen und senden kann? Wie bringe ich die Wirklichkeit in Schwung? Wie schaffe ich mir Wirklichkeit, die dann auch wirklich wirklich ist? Kann ich die Bewegung des Äther so wünschen, daß die Energieflüsse meinen Wünschen willentlich folgen? Kann ich Energie- und Bewegungsfelder schaffen, um bestimmte Dinge in Bewegung zu bringen? Wie werden diese Felder zu Wirken und WESEN? Gibt es Wesen ... ?

Was trägt uns? Was läßt uns in unserer meintlichen Wirklichkeit bestehen? Was gibt uns den Halt, uns wirklich zu fühlen? Worauf in unserer gefühlten Wirklichkeit lassen wir uns ein? Was davon ist für uns selbstständliche Wirklichkeit? Welche Energie ist es, die sich so in uns bewegt, daß wir wir sind?

Welche Energie in uns ist Geist, welche ist Seele? Aus welchen Energien besteht unser Körper? Wie können all diese Energien in uns und durch uns wirken, wenn uns die Trinität aus Körper, Seele und Geist eigen ist?

Wenn Gefühle nicht dreidimensional auf Höhe, Länge oder Breite abbildbar sind, welche Energien sind dann unsere Gefühle? Sind Gefühle Wirklichkeit oder nur Geistesprojektion? Wo entstehen in der Wirklichkeit die Gefühle? Sind es Seelenenergien? Aus welcher Energie transformieren wir Gefühle? Wie können wir Gefühle teilen? Wer schneidet uns ein Stück der Energie des anderen ab und teilt geschwisterlich die Gefühle? Wenn Gefühle Energie sind, Energie Bewegung ist, wenn man sich bewegende Dinge abwiegen kann, wie viel wiegt dann Liebe? Welche allumfassende Energie muß die Liebe sein, bei dem, was in uns an energetischer Bewegung im Liebestaumel ausgelöst wird? Wie tritt diese Energie in die Wirklichkeit, daß sie ein anderer Mensch wahrnehmen kann? Wie überträgt sich meine Wirklichkeit oder meine Liebe in einen anderen?

Haben wir alle die gleiche Wahrnehmung von Wirklichkeit? Warum können sie sich unterscheiden und worin besteht der Unterschied? Warum entstehen differente Wirklichkeiten? Welche Rolle spielt bei der Wirklichkeit der Glaube? Sind unterschiedliche Wirklichkeiten nur unterschiedliche Perspektiven? Sind wir jetzt nicht schon wieder bei

Wahrheit und den vielen unterschiedlichen Antworten des Außen auf die Lebensfragen?

Höhlenschlummer

In Platons Höhle manche schlafen,
kuschlig, mit all den andren Schafen.
Einlullend im Laternenglanz -
einsam in Frieden ruhen sie ganz.

Im Sog des trägen Herdentriebs
bleibt gesteckt der Seelendieb.
Behaglicher, mondäner Schlummer -
Taubheit deckt Herzens Gewummer.

Pulsiert in Schafes Schlaf
göttlicher Funken weiter brav.
Kann dieses Licht entzünden,
wird`s frohe Botschaft künden.

Geborgen bleibt die nur der Meute,
die immer sucht um sich die Beute.
Jedoch sich`s Menschlein selbst erkannt -
Höhlenschlummer siecht gebannt.

Wunschwirklichkeit

Was ist das Gegenteil von Tod? Leben? Nein? Ist es die Geburt? Sind dann Geburt und Tod nur Metamorphosen von Lebenszuständen? Ein mögliches Denkmodell? Möchte ich oder möchtest du dir eine Wunschwirklichkeit mal unter diesen Aspekten vorstellen? Was wäre dabei anders als „normal"?

Sind wir immer schon die reine Lebensfreude?

Bin ich in purer BeGEISTerung über mein Selbst und mein Sein?

Lebe ich diese BeGEISTerung mit jedem Wimpernklimpern?

Ist es die BeGEISTerung für Alles in Allem und somit auch mit mir und für mich? Brauche ich diese Begeisterung? Ist sie unbedingt erforderlich, um meinen Wünschen zur Erfüllung zu verhelfen? Wird ein Wunsch erst durch meine Begeisterung zu einem innigen Wunsch meines Selbst?

Was ist BeGEISTerung? Ist sie bedingungslose Hingabe den eigenen Wünschen gegenüber? Was ist Hingabe? Woraus entsteht sie? Ist sie ein Kind der Liebe zu mir selbst und zu meinen Wünschen und Träumen? Ist sie die ewige Liebe zu den Menschen, mit denen ich bin? Ist es die Liebe zu den Dingen, welche mich umgeben und welche ich erschaffe? Welche Kraft oder Energie wirkt in mir und durch mich hindurch, wenn ich voller Begeisterung,

Hingabe und Liebe bin? Benötigt es noch Willen und Zwang oder Druck? Geschieht JETZT alles aus sich selbst heraus? Bin ich dann Eins mit mir, wenn ich in diesem Sinne wirke und schöpfe?

Kann ich einfach so jeden Tag mein Leben ändern? Fünf-Phasen-Mut?

Bin ich mit liebevoller Hingabe und Begeisterung fokussiert auf meine Träume und Wünsche, um ihnen geistige Kraft, Energie und Manifestation zu geben – in jedem Augenblick? Ist der Wunsch an sich nicht schon die Manifestation?

Was ist dazu erforderlich, um diese Kraft entstehen zu lassen? Ist es die reine Präsenz im Jetzt? Bedarf es einer bedingungslosen Treue zu sich selbst, zum Sein und zum Allem und der Kraft, die all dies entstehen ließ und läßt? Lebe ich diese Treue in jedem Augenblick – auch wenn die Situation Wohlbeherztheit und Standhaftigkeit erfordert, wenn sich Ängste und Sorgen breit machen wollen? Habe ich dann die Treue zu dieser Kraft aus mir heraus immer noch? Darf ich hier noch einmal an den Fünf-Phasen-Mut erinnern?

Bin ich klar in meinen Wünschen und Zielen? Wie öffnen sich die Türen dahin? Gehe ich zielgerichtet durch die Pforten meiner Bestimmung? Was ist meine Bestimmung? Wie erfahre ich diese?

Sind Ziele Resultate des Verstandes, des intellektuellen Denkvorgangs? Oder kommen Wünsche und Lebensziele aus einer viel tieferen inneren Ebene?

Ergeben sich Ziele aus meiner Bestimmung? Wie erspüre ich in mir meine Bestimmung? Wer kommuniziert in mir mit wem über diese Dinge? Wer sollte das tun? Auf welchen Wegen gelange ich zu diesen tiefen inneren Ebenen? Wer von Körper, Geist und Seele gibt mir die Antworten, die ich finden mag? Oder ist das gar eine völlig andere Energie, welche alles in mir entstehen läßt?

Steht jenes in meinem Seelenplan geschrieben? Was ist ein Seelenplan, so es so etwas überhaupt gibt? Habe ich mir den vor meiner Geburt ausgedacht und wohlüberlegt? Ist mein Lebensweg somit vorbestimmt? Beginnt mein wirkliches Leben erst nach dieser Erkenntnis? Welche Einflußmöglichkeiten habe ich dabei aktiv und lenkend mitzubestimmen? Oder sollte ich mich lieber aus meiner Intuition heraus lenken lassen? Wie kann ich ihre Impulse erkennen? Worauf achte ich dabei, um nicht fehlzuhören?

Habe ich gar die Antwortung zur aktiven Gestaltung meiner Wirklichkeit? Oder kann ich auch Opfer meiner Selbst werden, wenn ich mir mit ungeschickten und irreführenden Gedanken eine ungünstige Wirklichkeit durch die daraus entstehenden Gewohnheiten erzeuge? Sollte man überhaupt in ein Opferdenken gelangen? Gehört zu einem Opfer nicht immer auch ein Täter? Wollen wir nicht beides im negativen Sinne aus unserer Leben bannen? Also, wie ist das mit der Antwortung? Übernehme ich automatisch die Antwortung für die ganze Welt, wenn ich aus purer Liebe zu mir und der Welt Dinge bewirke? Lasse ich mich von meinem Selbst leiten, meinen Inspirationen und Intuitionen und ihren Impulsen als beste aller Möglichkeiten?

Kann ich meine Wirklichkeit jederzeit neu gestalten? Kann ich mich mit meinen Irrungen liebevoll söhnend binden, um zu heilen – mir meine Fehler ergeben und nachsehen und dann auch loslassen? Kann ich damit mein Leben jederzeit neu gestalten? Welche antwortungsvolle Macht ist mir mit meinen Gedanken eigentlich gegeben? Ist mir das gewiß und bewußt? Und wie sollte ich demzufolge mit meinem Denken umgehen, damit ich in meiner Wunschwirklichkeit ankommen kann?

Sollte so eine Wunschwirklichkeit immer auch in der äußeren Ökologie auf das Gesamtwohl der Menschheitsfamilie gerichtet sein? Geht es überhaupt anders? Und wenn ja, wie? Welche Rolle spielen dabei die naturgegebenen Gesetzmäßigkeiten wie das der Resonanz? Kommt also auch immer wieder auf mich zurück, was ich aussende? Sollte ich mir bei meinen Gedanken zu meinen Wünschen und Zielen darüber ganz klar sein? Kann ich nur existieren, weil die anderen Menschen existent sind? Wie kommen Ursache und Wirkung zum Tragen? Habe ich das alles geachtet und beachtet? Ist mir bewußt, dass ich das, was ich denke und tue auch immer Wirkung auf das Ganze hat? Welche Antwortung erwächst mir daraus? Wie gehe ich mit dieser um?

Auszug aus Faust 1 – Prolog im Himmel

Herr:
„Und steh beschämt, wenn du bekennen mußt:
Ein guter Mensch in seinem dunklen Drange
ist sich des rechten Weges wohl bewußt."

Johann Wolfgang Goethe

Bin ich bei allen Gedanken immer unbedingt in tiefer, ewiger, innerer und äußerer Liebe zu mir und meinem Umfeld? Weiß ich, was mein Umfeld ist? Fühle und denke ich darüber in einer heiteren Gelassenheit und tiefer innerer Freude?

Bin ich mir absolut und radikal (Radix (lat.) – die Wurzel) gewiß darüber, daß meine Gedanken meine Realität erschaffen? Weiß ich mit dieser unbeschreiblichen Energie umzugehen, weiß ich sie im Sinne der Schöpfung und allem einzusetzen? Bin ich mir bewußt, daß meine Gedanken die Fragen an mich und damit auch die Antworten entstehen lassen? Bin ich mir im Klaren darüber, daß nur ich ganz allein meine Lebenswirklichkeit anhand meiner Gedanken forme? Bin ich mir der Macht meiner gelebten Gewohnheiten aus meinen Gedanken heraus bewußt?

Hast du den Erfolg, der sich ergibt, wenn man seiner Bestimmung folgt? Liegt dort all deine zweifelsfreie und positive Energie? Kannst du an nichts anderes mehr denken als an deine erreichten Wünsche und Bestimmungen? Siehst du dein mit deren Inhalt gefülltes Leben? Bist du dir deiner mentalen Kraft trauensvoll gewiß, daß deine Zukunft bereits spielerisch und voller Freude und Glück stattfindet oder/und begonnen hat, und du bereits mittendrin in der Erfüllung lebst? Bist du dir und allem dankbar dafür?

Bin ich voller Staunen und Wundern und Vorfreude auch ohne zu wissen, wie das Morgen sein wird? Bin ich offen für alles Neue und Unvorhergesehene? Nehme ich es alles als Bereicherung an, weil hinter allem immer das Vollkommene der Schöpfung geborgen liegt? Bitte ich um all diesen Zufluß und Zufall? Entdecke ich die Möglichkeiten? Bin ich mir der Fülle jeden Augenblickes in all seiner zauberhaften Pracht gewahr und erkenne die unendlichen Bilder in jedem Augenblick, dem ewigen Moment?

Lebe ich harmonisch mit allem und allen?

Lebe ich permanent in der kreiert erfüllten Wunsch-Erfolgs-Welt?

Lebe ich im Zustand der Vorfreude erfolgreicher Herausforderungen? Gibt es bei mir unterschiedliche Schweregrade von Herausforderungen oder sind alle eine gefühlte Stufe meiner Entwicklung?

Bin ich mir bewußt darüber, daß jeder neue Augenblick immer wieder frei von Gegangenheit ein frisches, weißes Blatt Papier ist, in dem auch immer wieder ein neuer Anfang geborgen liegt, der entdeckt werden möchte? Beginne ich mit jedem Atemzug mein Jetzt der Zukunft? Lebe ich mit jedem Atemzug das Jetzt der Zukunft?

Traue ich mir und meiner inneren Weisheit? Wo finde ich die in mir? Wo finde ich meine Inspiration und Intuition? Wie melden diese sich bei mir? Wie höre ich, was sie mir sagen? Wie erkenne ich die Bilder, die sie zeichnen?

Wie kann ich mich am besten von meiner erkannten weisen Wahrhaftigkeit im Sein überzeugen, es annehmen und darauf trauen? Wie bleibe ich in ständiger Angebundenheit mit ihr?

Bin ich im ständigen Zustand heiterer Gelassenheit und Freude – kann meinen Geist nichts in Unruhe setzen? Traue ich meiner inneren Weisheit? Lebe ich mit jedem Atemzug die positive und wirkende Kraft der ewigen, vollkommenen, schöpferischen Energie in mir?

Laß ich mich dabei nur noch von meinen positiven Energien außerhalb des ewigen Gedankenstroms leiten?

Bin ich in Allem in meinem Lebensrhythmus – leicht und beschwingt und meinen Impulsen folgend? Folge ich ausschließlich allen Impulsen spontan, wie trinken, essen, bewegen, Toilette, lachen, weinen, freuen, wieder bewegen, Energie aufsaugen, Energie entschwinden lassen? Folge ich unbedingt den Signalen meines Körpers, weil er grundsätzlich am besten wissen könnte, was gut für mich scheint?

Lebe ich in einem Umfeld meiner positiven Schöpfungsenergie? Stärken meine Mitmenschen dieses Energiefeld mit ihrem Handeln und ihren Ideen? Stärken sie somit meine Energie und Kraft? Bekomme ich so zusätzliche und förderliche Impulse aus meinem mich umgebenden Feld, meinem Umfeld? Wie wird so aus vielen einzelnen Teilen ein sehr viel größeres Ganzes als die Summe der einzelnen Teile jemals zu sein mag?

Bin ich wundervoll, stolz und glücklich mit mir?

Bin ich in meinem Handeln in meinem ganz eigenen von mir bestimmten Fluß, voller Trauen und Zuversicht in jedem ewigen Moment?

Bin ich immer im Urtrauen bei allem, was ich tue, was ich in jedem Augenblick erfahre und entdecke? Gibt mir dieses Urtrauen in mich und alles um mich herum die entsprechende Gelassenheit, Ruhe und Kraft?

Kannst du in voller Gewißheit sein, daß du nur all jenen Gedanken Beachtung schenkst, welche frei von Zweifeln und voller Zuversicht, positiver Energie, Trauen, Freude, Frieden, Anbindung mit dem Sein und der Liebe sind? Gehst du auf alles mit dem Mut des Herzens zu, frei von spaltenden Gedanken und Energien, auch wenn sie unbewußt durch dich wirken oder wirken wollen? Bist du dir bewußt darüber, was alles durch dich hindurch wirken kann?

Ist für dich der Fluß des Lebens, an dessen Ufern wir alle stehen, in seinem Sein neutral und frei jedweder Bewertung? Nimmst du wirklich ausnahmslos alles beschreibend und neutral auf – mit offenem Herzen und dem Blick der ewigen Liebe und des ewigen Friedens?

„Uns allen wohnt ein geheimes, wunderbares Vermögen bei, uns aus dem Wechsel der Zeit in unser innerstes, von allem, was von außen her hinzukam, entkleidetes Selbst zurückzuziehen und da unter der Form der Unwandelbarkeit das Ewige in uns anzuschauen. Diese Anschauung ist die innerste, eigenste Erfahrung, von welcher alles, alles abhängt, was wir von einer übersinnlichen Welt wissen und glauben. Diese Anschauung zuerst überzeugt uns, daß irgendetwas im eigentlichen Sinne IST, während alles übrige nur ERSCHEINT, worauf wir jenes Wort übertragen. Sie unterscheidet sich von jeder sinnlichen Anschauung dadurch, daß sie nur durch Freiheit hervorgebracht und jedem anderen fremd und unbekannt ist, dessen Freiheit, von der hervordringenden Macht der Objekte überwältigt, kaum zur Hervorbringung des Bewußtseins hinreicht... In diesem Moment der Anschauung schwindet für uns Zeit und Dauer dahin: nicht WIR sind in der Zeit, sondern die Zeit, oder, vielmehr nicht sie, sondern die reine absolute Ewigkeit ist IN UNS.“

Julius Evola

Ja, ich will

Endlich ist in mir entzündet,
als göttlich Funken aus mir kündet
ein Strahlen, das entsprang
der Kerze heiligstem Gesang.

Bringt Wärme mir ins tiefste Sein.
Fühle mich nicht mehr allein.
Im Ursprung AllEs ist und Nichts,
wie die Quelle meines Lichts.

Ungefragt geborgen bleibt,
wozu das Lichtlein gerne neigt.
Entsteht ein Leuchten erst dann still,
ich es auch erkennen will.

Schon vor vielen langen Jahren
Geister wissend es gebaren.
Ist´s mit dem Licht, wie mit der Freude.
Es sich nur zeigt, ich nach ihm läute.

Drum leb ich gerne alle Lust
mit Liebe, Güte, ohne Frust.
Laß fließen so die Göttlichkeit.
Bleib von mir fern jeglicher Streit.

Dies bekenne so mein Willen.
Traurigkeit lieg ruhig im Stillen!

Glaube und Gedanken

Weiß ich, wie ich mich von alten Glaubensmustern und irreführenden Überzeugungen lösen kann? Trage ich so etwas in mir? Kenne ich diese? Habe ich deren Versteck und deren subversives Wirken in mir bereits erkannt? Kann ich das mich behindernde Muster genau benennen? Kenne ich die Grenzen, die ich mir selbst setze und jemals setzte? Durchschaue ich diese „alten" Automatismen in mir? Wer lenkt sie? Wer macht sowas? Darf es so sein? Wie werde ich Herr über mich selbst? Wie komme ich in den Fahrersitz meines Lebens? Wie bleibe ich immer angebunden mit mir und der Schöpfung, um nichts unbewußt Ungewolltes mehr zuzulassen?

Bin ich zu dieser Energiearbeit willens? Mag ich alle damit gebundenen Erkenntnisse und Eingeständnisse in all ihrer Härte und Nacktheit auch sehen wollen? Bin ich bereit für konsequente Neuschöpfung nach der Irrung? Kann ich mich mit meiner Gegangenheit und dem verlorenen Kind in mir aussöhnen? Ist das überhaupt notwendig? Wie finde ich zu mir als Kind zurück? Braucht mich dieses innere Kind meines Selbst? Bin ich mein inneres Kind? Ist das innere Kind der Ursprung meines irdischen Seins? Ist es gar mein göttlicher Funke oder Schöpfungsfunken? Soll ich damit bewußt immer wieder daran erinnert werden, woher ich komme? Ist das innere Kind so gesehen unsere innere

Orientierung und unsere innere Instanz zurück zu uns selbst? Werden wir nur mit uns Eins, wenn wir mit unserem inneren Kind Frieden und Liebe und Glück leben, wenn wir es mit Hingabe und Begeisterung begleiten und betreuen? Sind wir uns dann treu?

Ist die ewig dauernde Aussöhnung die Grundlage für frei entstehbar Neues? Ist Aussöhnung Heilung? Bringt nur die Aussöhnung mit mir und allem die innere Ordnung in Ordnung und so den inneren Frieden? Macht die Aussöhnung frei? Gibt sie mir die innere Freiheit für das immerwährende weiße Blatt Papier? Leert die Aussöhnung die Wiedervorlage meines Gewissens? Wie gehen wir mit Aussöhnung um? Hat sie bei uns den ihr gebührenden Wert im Sein?

Kann ich alles bisherige Denken, Fühlen und Glauben in mir so wandeln, dass ich mich einfach in Ordnung fühle? Fühle ich mich denn völlig in Ordnung – so wie ich wirklich bin? Weiß ich denn genau, wie ich wirklich bin?

Kann ich völlig frei in meiner JETZT-Welt leben?

Nutze ich die Sprache der Wünsche und Ziele so, daß ich nur dem Energie zufließen lasse, was ich erschaffen und schöpfen möchte? Lebe ich grundsätzlich und ausschließlich im Bejahungsmodus? Bin ich mir bewußt darüber, daß mein Verstand eine Neinung gar nicht kennt und bearbeiten kann – er jede Neinung als bejahenden Fakt ansieht?

Sind meine Gedanken, Gefühle und Wünsche immer und überall nur als positive Bilder gezeichnet? Trage ich den Zauber der Schöpfung bildhaft in den schönsten Farben der Ewigkeit in mir? Traue ich auf diese Bilder und diesen Bildern in mir, weil es meine Visionen sind? Mag ich das annehmen? Bin ich diesen Bildern in jedem Moment treu – mit Fünf-Phasen-Mut und standhafter Konsequenz?

Fühle ich mich in jedem Moment voller Fülle und schöpferischem Reichtum? Habe ich die Illusion des Mangels in mir in schöpferische und ewige Liebe und Frieden gewandelt? Komme ich langsam zum EINS mit mir? Ist das ein Weg dahin?

Welche Gedanken sind in mir, meinen Körper betreffend? Habe ich Urtrauen in sein Wirken? Darf er sich heil fühlen? Gehe ich liebevoll in allem mit ihm um? Bin ich ihm gegenüber ausschließlich dankbar? Sorge ich mich liebevoll um ihn – Nahrung, Bewegung, Wasser, Geist? Lebe ich im Gefühl dauernden und strahlenden Heils, egal wie es mir gefühlt geht? Bin und bleibe ich voller Zuversicht einfach nur heil?

Lieben wir unseren Körper und trauen auf unsere Selbstheilungskräfte – des Körpers ureigenste Intelligenz, der Vollkommenheit der Schöpfung? Leben wir unser Leben in wunderbarster Harmonie mit unserem Körper und geben ihm all das, was wir auch uns gern Gutes geben möchten? Betrachte ich Heil, Vitalität und Fitness in Körper und Geist als meinen normalen Seinszustand?

Bin ich in herzerfüllender Resonanz mit allem?

Bin ich in Ordnung mit mir und meiner Liebe zu mir? Weiß ich zwischen Selbstliebe und Egoismus zu unterscheiden? Habe ich erkannt, daß ich meiner Gegangenheit und allen Erlebnissen danken darf, weil sie mich zu meinen jetzigen Fähigkeiten gebracht haben? Bin ich deshalb ein glücklicher und zufriedener Mensch? Sehe ich meine Stärken als Resultat meiner Krisen – und darf ich mich dafür lieben?

Bin ich in allem bei mir? Lasse ich die Dinge anderer als die Dinge der anderen? Gehe ich dabei trotzdem mit Hingabe, Güte, Einfühlung und Mitgefühl, Ergebung und Aussöhnung und Liebe mit dem oder der anderen um?

Kenne ich die Kraft und Energie von Assoziationen, meinen Vorstellungen und den Erfahrungen der gesamten Menschheitsfamilie?

Welchen Wert messe ich dem Erfahrungsschatz der Menschheitsfamilie bei, wenn wir doch alle angebunden sind? Sind deine Erfahrungen und deren Folgen dann nicht auch meine Erfahrungen? Wie können wir diese eingebend übertragen?

Gefühle und Emotionen

Sind es zwei Worte für ein und dasselbe? Bringen uns beide in Wallung? Wie gestalten sich die Körperaktionen und -reaktionen? Wie agiert und reagiert unser Denken in den Situationen deren Wirkens? Wo in uns nehmen wir die beiden Dinge wahr? Sind es nur spezielle Situationen, oder ist der ganze Moment zwischen Geburt und Tod ein einziges emotionales Gefühl und gefühlte Emotion? Bedingen sich beide? Entsteht das eine aus dem anderen? Lösen sie sich nur in Art und Intensität immer wieder ab? Wie ist unser Empfinden? Empfinden – noch so etwas? Ist Empfindung die Wahrnehmung von Gefühlen und Emotionen? Durchatmen – und wie sortieren wir das jetzt?

Wie ist das bei dir? Wo nimmst du Gefühle wahr? Wo nimmst du Emotionen wahr? Ist es die gleiche Weise? Gibt es Unterschiede? Wie empfindest du die Unterschiede, wenn es sie für dich gibt? Was macht das Gefühl mit dir? Fühlt es sich weich oder hart an? Überwältigt es dich oder schleicht es sich langsam ein? Gehst du mit deinem Gefühl um - oder es mit dir? Und wie ist es mit den Emotionen?

Wie beeinflussen uns beide? Wie gestaltet sich unser Handeln durch sie und wie wirken sie durch uns? Welcher Kanon an Empfindungen kann durch Gefühle und Emotionen in uns ausgelöst werden? Wie bestimmen also beide die Qualität unseres Lebens? Halt - Pause - wer bestimmt? Die Frage neu?

Wie können *wir* die Qualität unseres Lebensalltages durch einen geschickten Umgang mit Gefühlen und Emotionen gestalten? Welcher Fähigkeiten bedarf es, seine Gefühle und Emotionen geschickt beobachtend und wertungsfrei zu begleiten?

Hast du dich schon einmal dabei beobachtet, wenn die Emotion der Wut durch dich wirkt? Wie bist du in deinem Dasein? Bist du außer dir? Wo ist das eigentlich – außer sich sein? Wie gehst du mit dir und anderen in so einem Fall um? Hast du dabei auch das Empfinden: Das bin doch gar nicht ich? Aber wer dann – ist das nicht komisch? Welches Gefühl steht vor oder hinter der Emotion, löst aus oder folgt?

Und wie ist das im Gefühl der Liebe? Was kannst du an deinem Dasein beobachten, wenn du mit Herz-Ohren hörst, wenn du mit Herz-Augen siehst, wenn dein Herz durch deinen Mund spricht? Wie agiert dein Denken, wenn es ausnahmsweise mal nicht dich benutzt, sondern vom Herzen sinnvoll und zielgerichtet eingesetzt wird? Findest du das auch interessant, was es da alles zu entdecken gibt? Geht es dir wie mir, daß du angenehm angetan von dir selbst bist, beim Wahrnehmen des Entdeckten?

Wie ist das mit uns Menschen? Wann ist die Ruhe und der Mut zur bewertungsfreien Selbstbeobachtung aus Selbstliebe heraus schleichend aus unserer Leben gewichen? Wann hat sich die dauernde Kontemplation still und heimlich aus dem Staube gemacht? Warum ist es so weit gekommen, daß wir jetzt erst wieder langsam anfangen müssen, dies zu erinnern? Wie oft sehen wir nur die negativen Dinge an uns, aus welchen heraus sich oft erst Emotionen ergeben und Gefühle entstehen – und wir in einer uns selbst kleinmachenden Negativität landen? Welche Rolle spielen dabei unsere Gedanken? Sollten wir das mal hinterfragen? Ja, ist das unbequem – Fünf-Phasen-Mut?

Ist bewertungsfreie Selbstbeobachtung das, was wir im Moment leben und den Moment erleben nennen? Oder ist es Analyse – also Denken? Nein, wir brauchen uns gar nicht analysieren? Sind wir bereits vollkommene Wesen, welche zwischen den Polaritäten der Dualität Erfahrungen sammeln dürfen, nur um die Kontraste zu erkennen? Und wie helfen uns Gefühle und Emotionen dabei? Warum fangen wir nicht gleich mit dem Entdecken an? Start frei?

Sind Gefühle und Emotionen Indikatoren dafür, zu bemerken, wann wir uns vom ewigen Frieden, der ewigen Liebe und der Harmonie der Schöpfung entfernen? Dürfen wir beide als Geschenk begreifen, als eine Art Leitplanken auf dem Weg der Erkenntnis hin zu Aussöhnung mit uns selbst und allem? Erwächst aus diesem Gedanken eine Antwortung, ganz bewußt und achtsam mit diesen wertvollen Instrumenten unseres Seins umzugehen? Sind beide nicht gar unser Lebenskompaß, wenn wir gelernt haben, sie in ihren Aussagen als Impulse des Körpers und der Seele und vielleicht auch des

Geistes einzuschätzen und in ihrem wahren Wesen beachtend freudenvoll annehmen? Sind sie Sprachrohr unserer Lebensimpulse? Sind sie unsere innere Stimme, deren Bildersprache wir uns wieder erinnern sollten? Ist es nicht ein imposanter Anlaß, das bewertungsfreie Sich-Beobachten nochmalig zu erlernen?

Bleibt dann noch die Frage, ob wir Gefühle und Emotionen in uns überhaupt sein lassen? Was würde uns daran hindern? Ist der Umgang mit beiden nicht das normalste für uns Menschen? Und wenn wir mit unseren eigenen Gefühlen und Emotionen nicht umgehen können, wie sollen wir andere Menschen mit deren Wahrnehmungen friedvoll und liebevoll annehmen können?

Wie gehen wir mit den Gefühlen und Emotionen unserer Mitmenschen um? Sind wir da mitten in dem Thema der zwischenmenschlichen Kommunikation? Ist der ungeschickte und noch nicht ausreichend erlernte Umgang mit beiden auch ein Grund für das vielen Konflikten folgende Leid?

Ist mir eine Frage gestattet? Kann der Schlüssel zum eigenen und gegenseitigen Ersinnen aller aussöhnbaren menschlichen Fassungen und Situationen einfach ein liebevoller und ergebender Umgang mit uns selbst und unseren Nächsten, also allem und allen, sein? Können so ewiger Seelenfrieden in uns und der ewige Frieden auf Erden entstehen? Einfach nur mit der Wohlbeherztheit zur konsequent gelebten Liebe? Fragst du dich jetzt, ob das albern ist? Dann mag ich dich fragen, was du meinst, wieviel Mut und Kraft es bedarf, dies vor sich und allem und jedem so zu leben? Ist das dann immer noch albern oder Ausdruck innerer Klarheit und Stärke? Unterließe man es, wäre das dann nicht Drückebergerei vor dem Leben an sich und der Schöpfung und der eigenen Lebensantwortung? Und ist das nicht auch genau der wunde Punkt, den einem keiner abnehmen kann, und dem niemand von uns ausweichen darf?

Wenn ich mich mit meinem Bewußtsein und im Moment seiend beobachte, wie gehe ich in der Folge mit dem Entdeckten um? Sehe ich hinter allem meintlich Negativen das Positive? Stelle ich mir die Frage, wo die Ursachen für unsere Gefühle und Emotionen beheimatet sind? Welche eigenen Lebenserfahrungen sind es, welche in uns ein Empfinden entstehen lassen - den Mix aus Gefühlen und Emotionen? Kann ich mit dem „Aufräumen" meiner Erinnerungswelt die Intensität des Erlebens von Gefühlen und Informationen beeinflussen? Finde ich so zu mir, wenn ich alles Wirklichkeitszerrende aus meinem Sichtfeld gewandelt habe? Ist ein gefühls- und emotionsreduziertes inneres Milieu nicht eine stille Klarheit zum Erkennen unseres wirklichen Selbst? Kommen wir so bei uns an? Bekommen wir so innere Ruhe und Stille in uns – das Aufwühlende entweicht?

Stille – die Sprache des ewigen Seins? Bekommt die bewertungsfreie   Wahrnehmung   die

Hauptantwortung als Prozeßauslöser zum Wandeln der Welt? Können wir also die Welt nur aus uns selbst heraus ändern, indem wir uns aufklären? Ist das wieder das mit dem Mut, weil wir immer wieder in der Eigenantwortung ankommen, und das eben auch manchmal so richtig dolle weh tut?

Sind also Gefühle und Emotionen der Fingerzeig zur Selbsterkenntnis? Geht`s auf zur eigenen Entdeckungsreise in die Unendlichkeit des I.CH-Selbst? Na, wo bleibt das weiße Blatt Papier für den Reisebericht … ?

Freudentöne

Wenn dein Stimmchen hell erklingt,
soll sein, es aus dem Herzen schwingt.
Tönen Worte Leid hernieder,
steckt Graus dir feste im Gefieder.

Erschallt ein Lied aus deinen Lippen,
fließt, wie Bächleins Liebe, klar,
Äthers Odem bläht die Rippen,
kommst du deinem Sein recht nah.

Welch Geist wirkt durch dein Wesen?
Wess` Worte gurgeln dir im Hals?
Ist dein Herze wohl genesen
oder Trübsal Quell des Schalls?

Finde in dir zauberhaft
aus deiner Seele klingend,
was dir und andren Freude schafft.
Magst Herzchens Liebe singen!

"Ehre ohne Liebe macht hochmütig.

Pflichtbewusstsein ohne Liebe macht verdrießlich.

Besitz ohne Liebe macht geizig.

Glaube ohne Liebe macht fanatisch.

Klugheit ohne Liebe macht betrügerisch.

Wahrhaftigkeit ohne Liebe macht kritiksüchtig.

Ordnung ohne Liebe macht kleinlich.

Gerechtigkeit ohne Liebe macht hart.

Sachkenntnis ohne Liebe macht rechthaberisch.

Freundlichkeit ohne Liebe macht heuchlerisch.

Verantwortung ohne Liebe macht rücksichtslos.

Macht ohne Liebe macht grausam."

Laotse

Was ist die wahre Liebe?

Sollte ich mich dieser Frage wirklich stellen und sie annehmen, geschweige denn, darüber schreiben? Steht *mir* das zu? *(Ja!)* Sollten wir uns nicht alle dieser Frage stellen – der für mich bedeutsamsten Frage des Lebens überhaupt? Darf ich mir das wünschen? Ist die ewige und wahre Liebe in ihrer Gänze das einzige unbeschreibliche und vollkommene dieser Schöpfung? Irgendwann werden wir alle in der Liebe ankommen und sehen – wirklich sehen!

Ist die Schöpfung aus und mit und durch Liebe entstanden? Wie viele Menschen haben sich darüber schon Gedanken gemacht? Ist uns Menschen die Tragweite dieser Frage nebst Antwort in unserem Erdendasein überhaupt bewußt? Ist Liebe alles und alles Liebe - Bindung und Gebundenes?

Darf ich, ohne zu denken, die Liebe einfach immer und überall genießen - leben? Ja?

Was ist eigentlich nun die wahre Liebe? Alles? Frage beantwortet?

Was macht sie so kostbar für uns? Warum suchen wir alle mehr oder weniger bewußt nach ihr? Ist sie nicht überall vorhanden? Brauchen wir sie nur sehen, spüren und annehmen? Können wir sie eigentlich finden? Oder findet sie uns? Wo finde ich sie? Wie kann ich sie finden, wenn sie doch alles ist? Wie macht sie sich bemerkbar? Wie kann ich sie spüren? Wie tief im Bewußtsein gründet sich die Liebe? Wie tief wird unser Bewußtsein mit, aus und durch die Liebe? Wenn Liebe alles ist, bestehen wir alle aus Liebe? Und wenn wir alle wie alles reines Bewußtsein sind, ist dann das Bewußtsein auch die pure Liebe?

Können wir Menschen Liebe selbst entstehen lassen? Und wenn ja, wie? Oder sind wir alle in einer großen schöpferischen und universellen, ewigen Liebe geschmolzen? Ist ewige Liebe in lichtvoller Harmonie etwa die Grundsubstanz allen Seins? Und ist das, wo keine Liebe ist, einfach nur der stille, stumme Schrei nach Liebe? Fühlen wir hier auf Erden diese wirkliche, einzigartige Liebe?

Oder ist das, was wir als Liebe bezeichnen nur eine vom Verstand geprägte Anhaftung am Äußeren in partnerschaftsfeindlichen BeZIEHungen? Wird Liebe dort nur als Fragment zweckgebunden bleiben? Was erleben wir als Liebe? Was können und dürfen wir alles und in welcher Weise lieben? Gibt es unterschiedliche Arten von Liebe? Ist womöglich die von uns erzeugte Unterteilung der Liebe in verschiedene Arten schon der Beginn einer Spaltung oder Abspaltung von ihr selbst? Birgt eine Unterteilung bereits hierarchisches Verstandesdenken in sich? Können unsere Herzen unterschiedlich lieben? Oder tut dies nur der Verstand?

Wo können wir Liebe wahrnehmen, und was passiert mit uns dabei? Ist die Liebe einfach immer da? Sollen wir sie hier im Grunde nur wahrnehmen lernen? Kann und darf ich einfach alles lieben – sogar mich selbst? Oder tun wir das schon, ohne daß es uns bewußt ist? Ist das Leben das ewige Streben nach der bewußten Erkenntnis der Liebe? Ist es gar unsere Daseinsberechtigung hier auf Erden, eben das herauszufinden und zu erlernen? Ist Liebe auch immer Anbindung an die Quelle?

Meinst du, das wäre schon wieder albern? Magst du mal einen Tag oder gar nur eine Stunde lang alles in purer Liebe annehmen, was dich passiert? Was meinst du, wie kraftvoll, mutig und standhaft du da sein darfst? Könnte man dabei erkennen, daß es die Liebe ist, die alles miteinander bindet? Wie fühlt sich dieser Gedanke in dir an, wenn er sich in Fülle in dir ausbreiten darf?

Überwältigt dich auch die Rührung? Magst du finden, wie tief die Liebe in dir ist? Magst du empfinden, daß in dir bodenlose, unendliche und ewige Fülle ist, wenn du die Liebe in dir sehen und spüren und fühlen und riechen und schmecken und … kannst? Ist sie in dir willkommen? Wohnt die Liebe in dir und du in der Liebe? Ist dir deine Einschmelzung mit ihr bewußt?

Worin besteht die Großartigkeit der Liebe? Ist sie der ewige Frieden? Kann in ihr nichts Wirkliches bedroht werden, weil nichts Unwirkliches existiert? Ist Liebe Wunder oder Offenbarung oder beides, weil sie einfach alles ist? Ist Liebe einfach immer maximal und bewertungsfrei?

Kann man Liebe geben? Gibt man Liebe schon durch ihr pures sehen und empfinden? Von welcher Fülle ist die Energie der Liebe? Ist Energie Liebe? Ist Liebe die Energie? Liebe ist alles?

Wie finde ich die Liebe in mir? Wie finde ich die Liebe zu mir? Wenn ich Liebe zu mir empfinde, wem gegenüber ist das? Wie weit darf ich mich entwickeln, um meinen wirklichen Kern lieben zu können? Woran merke ich, daß ich den aus purer Liebe bestehenden inneren Kern von mir gefunden habe? Wie wandle ich alle meine Ängste in Liebe um – aus und mit Liebe zu mir selbst? Wie gelange ich dabei nicht in luziferischen Egoismus oder gar Narzissmus? Wie gebe ich in mir der Liebe Raum? Ist es einfach wieder Verstand oder Ego ausschalten? Reicht es zu trauen? Reicht der pure Glaube mit den hochschwingenden Energien? Reicht es, die Kraft des Herzens mit der energetischen Kraft positiver Gedanken zu binden? Einfach Liebe fühlen aus einer wunderschönen und liebevollen Erinnerung und sich selbst und der Schöpfung zu trauen? Ist es wieder ganz einfach – konsequent?

Wie lebe ich Liebe? Wie gebe ich, ohne mich dabei zu überausgaben? Ist die Liebe bedingungsloses und erwartungsfreies, liebevolles Handeln? Gebe ich mit der Liebe gleichzeitig immer auch bewertungsfreies Mitgefühl für unterschiedliche Entwickelungsstände der einzelnen Menschenseelen im Prozeß der Selbsterkenntnis? Wie frei ist mein Handeln von eigenen Bedürfnissen? Wie selbstlos bin ich beim Liebe leben, ohne dabei die Achtsamkeit für mich selbst zu verlieren? Kommt die Liebe immer zu mir oder ist sie schon immer da gewesen und will nur entdeckt werden? Sollte ich sie suchen oder einfach nur empfinden und wahrnehmen?

Wie wird sich unser Leben gestalten, wenn die Liebe zu unser aller Nächsten einzige Handlungsmotivation unseres Tuns ist? Ist die Liebe zu uns selbst der Schlüssel für die Liebe, die wir unseren Nächsten gegenüber dann frei von sämtlichen Erwartungen und Bewertungen geben können? Ist Liebe auch, seine Nächsten in ihrem Sein so anzunehmen – ohne zu bewerten, einfach so, solange einem selbst dadurch kein Leid widerfährt? Wie schön ist die Welt? Wenn alle aus Liebe und Hingabe handeln, jeder jeden einfach annimmt – wie friedlich ist die Welt?

Wie ändert sich unsere Kommunikation? Streiten wir noch? Streiten geht nicht mehr? Wie ändert sich unsere Sprache, wenn wir die Liebe die Worte formen lassen? Was erfühlen wir, und wie erfühlen wir, wenn wir mit Liebe und Hingabe hinhören? Wie sehen wir mit bewertungsfreiem und offenem Blick? Wie sind meine Gedanken – liebevoll in jedem Augenblick? Wie ist mein Leben, so gelebt? Finde ich mich wieder in tiefer, innerer Ruhe und Zufriedenheit mit mir und der Welt? Empfinde ich Glück, Freude und Freiheit von Ängsten? Ist das der Zustand ewigen Friedens in mir und um mich herum?

Was haben wir Menschen in den letzten Jahrhunderten aus uns gemacht? Ist der sich immer weiter steigernde Individualismus immer weitere Spaltung? Ist die Liebe als Leitgedanke unseres Handelns unsere Chance? Werden wir mit ihr wieder herausfinden aus der individualistischen Spaltung und uns im Einssein einfinden?

Bist du auch beeindruckt, was uns alles möglich ist? Resultiert daraus die Schöpferkraft in uns? Gibt uns die Liebe Kräfte und Energien in uns frei, welche wir so noch nicht kennen? Wie unbelastet sind wir frei von sinnlosen Konflikten im Kleinen wie im Großen, im Innen wie im Außen? Ist diese Vorstellung es nicht wert, der Liebe das Trauen zu schenken? Gibt die Liebe den Raum, in dem alles sein darf?

Heißt Liebe auch NEIN? Heißt Liebe auch Grenzen setzen? Heißt Liebe, aus der Liebe zu sich selbst mit Würde, Ehre und Gewissen liebevoll Klarheit zu zeitigen? Heißt Liebe, Wahrhaftigkeit konsequent zu leben? Heißt Liebe eigene Fehler eingestehen – ebenfalls konsequent? Uups, heißt Liebe leben also doch auch Wohlbeherztheit und Kraft und Mut – fernab von mimimi?

... und Liebe tut nicht weh! Sie ist und geht nie weg!

Symbiose – Gemeinsam Sein

Wenn wir uns aus tiefstem Herzen eine Weise des Zusammenlebens wünschen, wie fühlt sich das an? Darf ich mir gewiß sein, daß mindestens 99 % aller Menschen im tiefsten Inneren die identischen Wünsche in sich tragen? Ist ein großer Teil der Frustrationen im Alltag dem eigenen Unglück darüber, dieses eben nicht zu erleben, geschuldet? Ist unser eigenes, wenn auch oft unbewußt empfundenes, Unglücklichsein Resultat der Abspaltung von Liebe, Frieden und Harmonie im Miteinander der Menschen? Ist es unsere ganz groß gefeierte Individualität, die uns genau von unseren Herzenswünschen entfernt? Warum schreien so viele Menschen unbewußt und teilweise sehr bewußt nach Liebe? Wenn wir uns erinnern, in welchen Momenten sind wir denn am glücklichsten? Dann, wenn wir uns nicht allein fühlen? Ist es dann, wenn wir uns eins mit uns selbst fühlen, und damit mit dem Ganzen gebunden sind? Ist es dann, wenn wir uns mit anderen Menschen, Lebewesen, Tieren, Pflanzen ganz besonders eng partnerschaftlich in Liebe, Harmonie und Frieden glücklich gebunden fühlen – einfach ein erfüllendes Sein gemeinsam leben?

Wann fühlen wir Leid – in Disharmonie, frei von Liebe und in Konflikten? Und warum lassen wir Menschen als Liebe- und Lichtsauger es zu, daß sich diese Zustände um uns herum immer weiter ausbreiten? Warum nehmen wir in Kauf, daß wir sehenden Auges und wissenden Denkens dies wahrnehmen und erleben und darunter leiden? Warum haben wir den Glauben an unsere eigene Schöpferkraft aufgegeben oder verloren oder leugnen ihn? Wie können wir das heilen? Möchten wir das heilen? Magst du das mit mir und allen heilen? Kann ich für dich mit diesen Zeilen meinen Beitrag leisten?

Wie wohl und stimmig werden wir uns fühlen, wenn wir nicht mehr von uns und allem, also auch von den anderen (Lebe-)Wesen, Menschen, Tieren und Pflanzen getrennt sind? Wie fühlen wir uns, wenn wir im ewigen Frieden und in der ewigen Liebe harmonisch eins mit uns sind? Wie fühlen wir uns ohne die ganzen inneren Filme der Gegangenheit, der Zukunftsängste, wenn wir einfach nur im Moment und voller Liebe leben? Gibt es dann diese so schrecklichen Erfahrungen einfach nicht mehr? Wie ist es, einfach keine Rolle mehr zu leben – keine Opferrolle zum Beispiel? Wer hat die Macht, uns zu Opfern zu machen? Sind das nur wir selbst? Und wenn das so ist, warum entscheiden wir uns nicht bewußt einfach für das Glück und die Freude? Wollen wir dankbar sein, für Erkenntnis und Heilung? Wollen wir uns unsere eigenen Ungeschicklichkeiten einfach liebevoll ergeben? Können wir das? Was macht es mit uns, wenn wir diese Schritte gehen? Ist Aussöhnung mit uns selbst und allem die Heilung unserer selbst und von allem?

Ist es nur ein Traum? Ist es unrealistisch, sich das zu wünschen? Wollen wir einfach alle danach handeln - einfach anfangen und jeder Vorreiter sein? Wie verändert sich die Welt? Was macht das mit den anderen Menschen? Kommen sie mit auf unsere Reise? Sind wir uns unserem freien Willen und dessen Kraft und Macht im positiven Sinne bewußt, daß wir uns einfach dafür entscheiden können, nach diesen Prämissen zu leben? Wieviel Wohlbeherztheit und Kraft und Standhaftigkeit wird das wohl brauchen, liebevolles Miteinander zu etablieren, auch wenn andere noch argwöhnisch schauen? Ist man in diesem Prozeß der Umsetzung noch albern oder eher sehr stark? Können wir Menschen es nicht einfach so einfach haben - mit purer Willenskraft? Wie viele großartige Dinge und Momente werden aus einem solchen Zusammenleben entstehen? Bin ich ein hoffnungsloser Idealist? Oder bin ich gar nicht so allein mit meinen Wünschen?

Wie beginnt gemeinsam Harmonie leben? Fängt es damit an, sich selbst mit all seinen Empfindungen, Gefühlen und Sehnsüchten im anderen Gegenüber wiederzuerkennen? Beginnt es mit Erkennen, Mitgefühl und Mitgespür? Geht es weiter mit Ergebung und Aussöhnung und endet in der von allen so gewünschten Harmonie? Wie fühlt sich Harmonie in dir an? Willst du das beschreiben - mit deinen eigenen Worten und Gedanken und Gefühlen? Ist es völlig unrealistisch, wenn es sich doch so wohlig in jedem aufzeigt? Ist es pure Wahrhaftigkeit, die wir nur gezerrt haben? Und was ist, wenn alle sagen: unrealistisch, und keiner die neuen Schritte aus altem Leid wagt?

Sei es ein Anfang, in allem zuerst die Gemeinsamkeiten finden zu wollen, und diese zu bewahren und zu stärken? Wie inspirierend ist es von jedem und allen lernen zu dürfen? Berühren sich so Seelen? Wie offen mag ich mit allem aus mir umgehen? Woher rührt innere Zugeschlossenheit? Braucht es diese in der Wunschwelt noch? Wie ändere ich mich selbst, wenn ich alles um mich herum in Gemeinsamkeit erspüre? Wie ändern sich mein Trauen in die Welt und meine Glaubenssätze? Entweicht Angst – endlich? Sollte ein Lebewesen Angst spüren müssen? Nein? Warum haben dann die Menschen so viel Angst vor so vielen Dingen? Warum befreien wir uns nicht aus diesen Ängsten – jeder für sich und alle gemeinsam? Wer oder was bringt uns in Ängste? Oder lassen wir es einfach nur geschehen, und die Ängste machen wir uns selbst? Können wir das wieder mit unserem freien Willen und dem Willen, diesen auch zu nutzen, heilen?

Sehen wir in der Natur Disharmonie? Wir sind Natur? Also sind unsere Disharmonien im Alltag unnatürlich? Warum leben wir gegen unsere Natur?

Herzkopf

Tagein, tagaus das gleiche Spiel:
Gedanken kreisen viel zu viel.
Fern bleibt dann Intuition.
Doch das weiß ich ja nun schon.

Wer sagt mir: der Kopf bestimmt?
Sind die Gedanken wessen Kind?
Betrachte sie von allen Seiten.
Kann hier sogar noch mit mir streiten.

Fernab, in Ruhe bleibt mein Gefühl,
was mir weise sagen will:
Höre auf dein Herz Menschlein!
Ein-Fühlen wird sodann AllEin.

Das Köpfchen bläst allein sich groß,
baut Welten auf, „big & famous".
Wohnt diesem Sein auch Wärme inne,
ist`s im tiefsten Herzenssinne?
Gedeiht aus sich der Schöpfung Plan?
Wächst von selbst, was muß getan?
Mit großem Geist im Herz entsteht,
was die Liebe ausgesät.

Sehen, Hören, Riechen, Schmecken,
weiter an alten Wunden lecken,
hielt oft uns schon zum Narren.
Ließ uns in Welten harren,
hinter denen wohl geborgen
das Herze sitzt mit seinen Sorgen.

Hingabe, Güte, Gelassenheit,
Freude und Liebe ohne Streit -
der Kopf wird nur noch dann gefragt,
wenn`s Herze sachlich mit sich zagt.

Sonst schweig er still und schaue nur,
wie im Ursprung geht Natur.
Es gelangt in uns hinein
alles durchs Herz – so soll es sein.

Spüren statt Gedankenwühlen,
Fühlen statt ängstlich zwischen Stühlen,
Hingabe und Güte allenthalben
statt Streit von gestern neu zu salben.
So mag ich immer in mir wohnen.
Herzgedanken friedvoll lohnen!

Einschluß statt Ausschluß – Das Ende des Dilemmas

Welche Bilder entstehen in uns bei den Worten Trennung und Spaltung? Welches Empfinden lösen die Bilder aus? Wie lassen sich die entstehenden Gefühle und Emotionen daraus beschreiben? Wie fühlen sich ausgeschlossen sein und allein sein an? Sind wir das wirklich? Bedenkzeit?

Und wie fühlt es sich an mit Liebe und Hingabe gebunden zu sein, womit und mit wem auch immer? Wie sieht das aus? Wie spürt es sich? Welche Gefühle lassen sich hier ausdrücken? Steigt eine wohlige Wärme in uns auf, oder läßt uns diese Vorstellung völlig kalt? Wie unterscheiden sich diese Bilder zu den vorherigen?

Wofür würdest du dich entscheiden? Was meinst du? Wenn nur diese Frage auf der Welt als einzige zu entscheiden ist, wie viele Menschen werden welcher Richtung folgen? Und mal ganz reduziert auf das Wesentliche – stehen wir tief im Innen, alle, unser ganzes Leben lang mit allen sich uns stellenden Fragen im Grunde nur vor dieser Frage? Und wenn wir diese Frage jeder für sich beantworten, was hat das für Auswirkungen auf alle anderen sich stellenden Fragen? Bleiben diese existent?

Ist es wieder das Gefühl der Gebundenheit, welches die Antwort trägt? Warum drängt es uns Menschen immer wieder in dieses Gefühl, und warum stellt sie sich uns immer wieder als Thema? Was dürfen wir Menschen daraus erkennen? Welche Art der grundsätzlichen Gebundenheit ist damit gemeint? Welche Gebundenheiten führen von welcher Ebene aus zu einem Ursprung? Was ist der Ursprung von Gebundenheit? Wie gehen wir mit dem Erkennen dieses Ursprunges in uns um? Wie viele Menschen haben schon die Kraft, jenes erkennen zu wollen? Warum stellen sich viele Menschen diese Fragen noch nicht? Sind das wieder fehlender Wille und Fünf-Phasen-Mut?

Wie finden wir aus unserem bisherigen Leben in ein Leben der Gebundenheit? Treffen sich in diesem Punkt alle unsere Seelenpläne, so unterschiedlich sie sich auf den ersten Blick auch anfühlen mögen?

Wie kommen wir raus aus falscher Individualität in ein wahres I.CH-Sein? Wie empfinde ich meine Individualität und mein I.CH-Sein? Wird aus dem tiefen, inneren I.CH ein empfundenes WIR, in welchem sich das I.CH eingeschlossen auflöst, sobald I.CH der Gebundenheit zu allem gewahr bin? Wird Egoismus dann zu einer Selbstliebe als wirkliches WIR, wenn I.CH mich als diesen „Einschluß" im Ganzen fühle, daß das gefühlte I.CH nur ein WIR ist und auch nur sein kann?

Was meinst du?

Nehmen wir unabhängig von unserer jetzigen Matrix das EINS als Perspektive des Zusammenlebens an? Aus welchen Motivationen heraus werden wir leben und handeln? Wie gestaltet sich unser Zusammenleben? Wie gehen wir miteinander um? Wie gehen wir mit uns selbst um? Welche Empfindungen und Gefühle entstehen in diesem Kontext? Welche Begriffe und Worte werden vordergründig und maßgeblich?

Welche Auswirkungen hat diese Perspektive, weiter gedacht, auf den Umgang mit Kindern und Alten in unserer Gemeinschaft? Wie gestalten wir Wirtschaften und wie gehen wir dabei mit Mutter Erde um? Wie gestalten wir die Dinge, die wir benötigen? Was benötigen wir überhaupt noch? Was für Empfindungen werden sich in unseren Leben einfach auflösen?

Was trägt uns durch die Tage? Womit werden wir uns beschäftigen? Welche Interessen entstehen? Wird so unser ganzes Sein neu gedacht? Wie groß ist die Freude bei dir, diese Antworten einfach jetzt schon zu sehen?

Herzgeleitet

Wilbeth wacht noch hell die Nacht -
Farbenpracht als Dämmerbogen.
Aus dem wassertiefen Blau uns Borbeth macht
sanft eine Augenmelodie aus Harmonie, und sacht
mit meinem Herzen Anbeth frisch erwacht, gewo-
gen.

Seelen finden zueinander
welche im Menschenkleid noch fern.
Leuchtet seit dem Abend hell
am Firmament ein neuer Stern.

Wasser scheinen weit geschieden –
unser bindend Element –
durchweben und durchfließen
Äther, der in uns alles kennt.

Maßlos in Luft und Liebe erwacht, frei aller Sorgen,
gebreitet die Flügel meiner Seele mit Lebendigkeit.
Gleit` ich aus der Nacht leicht in den Morgen
in des Aufstiegs fülle Farbigkeit
eines neuen Seins.

Das Eins als mögliche Perspektive

Reicht es jetzt mit Spaltung, Ausschluss, Abgrenzung, Ausgrenzung, Täuschung, Lüge, Gewalt, Traurigkeit, Leid und den vielen anderen niedrig schwingenden Themen unseres Alltages? Wollen wir das? Soll das unser Leben sein? Willst du das?

In welchen Rollen finden wir uns wieder? In welche Rollen drängt uns die Konfrontation mit dieser dunklen Seite des Seins? Wir begegnen ihr täglich? Ja? Ist es gar unser selbst auferlegtes Trainingsprogramm aus einer anderen Ebene des Seins?

Ist das Leben nicht Licht und ewige Liebe? Wie gelangen wir aus diesen beschriebenen Negativarien in unsere Schöpfungsenergien? Wie wollen und kommen wir raus aus den aufkonditionierten Rollen als Zeichen einer immer feinteiligeren Aufspaltung unseres Alltags? Wie finden wir in unser eigenes Leben? Wie wird aus der Person ein Mensch und gar ein Lebewesen? Wie werde ich I.CH? Welcher Weg legt sich uns beim Gehen unter die Füße - unserer oder ein vorgegebener?

Aus welcher Perspektive betrachte ich mein Leben und mein Sein? Bin ich immer in der Trauer über Gegangenheit - in der Opferrolle? Denke ich ängstlich über die Zukunft? Lebe ich im Moment? Halt? In welchem Moment? Ist genau dieser Moment - das JETZT - der Startpunkt raus aus dem Ganzen in das Neue? Was darf ich alles anders sehen? Oder besser - was sehe ich im Jetzt alles nicht mehr? Gibt es Gegangenheit und Zukunft? Sind das Realitäten oder pure Planungsmuster? Sind wir einfach schon immer im JETZT?

Was ist das Wertvolle am JETZT? Wie ist meine Wahrnehmung in diesem Moment? Und ist dieser Moment jemals zu Ende? Dauert dieser Moment etwa mein ganzes Seelenleben an, weit über Geburt und Tod hinaus? Wie gehe ich mit mir um, wenn Gegangenheit und Zukunft temporär ausgeblendet bleiben? Was geschieht mit meinen Daseinsmustern, welche aus der Gegangenheit und den dortigen Erfahrungen resultieren? Woran merke ich, daß ich im JETZT bin? Magst du bei Eckhart Tolle nachlesen? Sind seine hilfreichen Worte dazu für dich wertvoll?

Wie fühlt sich das Sein im JETZT an? Erfüllend? Magst du einen weiteren Schritt gehen? Wie fühlt sich die Vorstellung an, mit allen Menschen im Bewußtsein angebunden zu sein? Wie fühlt es sich an, zu wissen, daß alles, was ich erfahre, erspüre, erlebe, fühle alle Menschen, Tiere und Pflanzen und das ganze Universum mit mir gemeinsam tun? Uups? Was bedeutet nunmehr Mitgefühl? Was bedeutet nun Mitgespür? Was bedeuten Zank und Streit und Schlimmeres, was zwischen Menschen geschehen kann? Was bedeutet Liebe, wenn alles angebunden ist? Wie gehe ich mit mir und allem um? Ändert sich eventuell mein Tun nach dieser Vorstellung? Warum? Oder ändert sich gar nichts?

Spüre ich den Schmerz oder die Freude, die andere durch mich erfahren, auch selbst?

Welche Antwortung ergibt sich für uns Menschen im Hinblick auf die Wahrhaftigkeit? Was ist, wenn wir in diesem Eins-Sein wieder alles sehen können; nichts mehr verborgen bleibt – kein Gedanke bleibt den anderen ungesehen? Was passiert mit all den kleinen Geheimnissen und Lügen der Gegangenheit? Wie wirkt sich das auf mein Gewissen aus? Und es wird allen so gehen? Wir dürfen alle erkennen? Wir dürfen alle ändern? Wir dürfen alle reuen und wiedergutmachen? Warum dann nicht schon jetzt rein und klar leben? Was hindert uns daran? Wie frei können wir uns dadurch fühlen? Wie viel näher sind wir dem JETZT und uns selbst? Können wir nur aus Angebundenheit, Gemeinsamkeit und Liebe füreinander, geboren aus Ergebung und Aussöhnung in der wirklichen Welt der Menschen an sich ankommen? Wie nah sind wir dabei unserem göttlichen Wesen – unserem Wesen?

Und mal ganz nebenbei: DÜRFEN? Müssen wir fragen? Oder erübrigt es sich aus der rechten Handlungsintension heraus?

Auszug aus Faust Teil 2 – 5. Akt, Vor dem Palast
Faust:
„Ein Sumpf zieht am Gebirge hin,
Verpestet alles schon Errungene;
Den faulen Pfuhl auch abzuziehn,
Das Letzte wär' das Höchsterrungene.
Eröffn' ich Räume vielen Millionen,
Nicht sicher zwar, doch tätig-frei zu wohnen.
Grün das Gefilde, fruchtbar; Mensch und Herde
Sogleich behaglich auf der neusten Erde,
Gleich angesiedelt an des Hügels Kraft,
Den aufgewälzt kühn-emsige Völkerschaft.
Im Innern hier ein paradiesisch Land,
Da rase draußen Flut bis auf zum Rand,
Und wie sie nascht, gewaltsam einzuschießen,
Gemeindrang eilt, die Lücke zu verschließen.
Ja! diesem Sinne bin ich ganz ergeben,
Das ist der Weisheit letzter Schluß:
Nur der verdient sich Freiheit wie das Leben,
Der täglich sie erobern muß.
Und so verbringt, umrungen von Gefahr,
Hier Kindheit, Mann und Greis sein tüchtig Jahr.
Solch ein Gewimmel möcht' ich sehn,
Auf freiem Grund mit freiem Volke stehn.
Zum Augenblicke dürft' ich sagen:
Verweile doch, du bist so schön!
Es kann die Spur von meinen Erdetagen
Nicht in Äonen untergehn. –
Im Vorgefühl von solchem hohen Glück
Genieß' ich jetzt den höchsten Augenblick."
Johann Wolfgang Goethe

Spüren wir in uns schon eine der Wahrhaftigkeit nahe SichtWEISE auf das Leben?

Was ist das Leben? Was alles ist Leben? Ist alles Leben? Wo kommt alles Leben her? Sind hier alle möglichen Perspektiven bereits erforscht und aus allen möglichen Blickwinkeln beleuchtet? Woran macht man fest, was Leben ist und was nicht?

Wodurch entsteht Leben? Entsteht Leben durch Bewegung = Energie = Bewußtsein? Ist alles, worin Bewegung ist, folglich Leben? Warum soll es so sein? Oder ist es gar nicht so?

Was alles ist in Bewegung, also energetisch? Wo schaut man nach? Wie betrachten wir die Dinge, um das herauszufinden? Bei Bewegung und Energie liegt die Physik nahe – oder? Wollen wir dazu in die kleinste uns bekannte Teilchenebene hineinsinken? Was stellen wir fest? Ist das AllEs immer in Bewegung? Ist folglich auch immer und überall Energie vorhanden, welche die Bewegung auslöst? Woher kommt diese Energie? Was steuert die Energie im unendlich Kleinsten? Was belebt die Materie? Woher kommt der Hauch des Lebens?

Fließt Energie immer? Schwingt Energie immer? Gibt es konkrete Schwingungsmuster? Wie variieren die Bewegungen in ihren Schwingungsmustern? Lassen sie sich in Frequenzen messen? Können wir über die Frequenzmessung Schwingungsmuster in bestimmten Materiestrukturen bestimmen? Was sagen sie uns? Gibt es, wenn diese Form der umschlossenen Energie auch Bewußtsein sein kann, ein schwingendes Bewußtsein, welches in bestimmten Zuständen seine Schwingungsmuster stofflich als auch feinstofflich orientiert? Wie beeinflußbar sind diese Schwingungsmuster? Wie beeinflußbar ist daraus folgend Bewußtsein? Oder ist es umgekehrt? Beeinflußt das Bewußtsein das AllEs und alles andere sowieso? Wie gehe ich energetisch damit um? Sind diese Energien auch wirklich fest umschlossen, oder handelt es sich auch hierbei um eine in alle Richtungen offene energetische Struktur? Lassen sich Interaktionen erkennen? Welche Interaktionen und Interaktionen womit werden erkannt? Sind Energie oder Bewußtsein an sich trennbar oder abspaltbar? Wer sollte das wollen und warum? Sind wir wieder bei der Erkenntnis, daß alles Eins ist? Aus welchem Ursprung wird allem Energie-Bewegung-Bewußtsein-Leben eingehaucht?

Worin bewegen sich die kleinsten Teilchen – in purer Energie? Was ist dazwischen? Was ist diese Energie? Wodurch wird sie inspiriert? Von welchem Ziel ist die Bewegung begleitet? Sind Bewegungen immer ideal und manche frei chaotisch? Wann wären die Bewegungen ideal? Gibt es ein Ideal in allem? Oder ist AllEs immer auf seine ganz individuelle Weise vollkommen und damit frei jeder Bewertbarkeit? Wie bestimme ich eine Meßgröße, und was stelle ich dabei als Grundannahme? Kann in der Natur und allem Erschaffenem solch eine Einschränkung bzw. Unterteilung gelten, wenn AllEs Eins ist?

Kommt es durch immer gleiche Bewegungen zu immer gleichen Mustern? Wieviel Zufall steckt in den Bewegungen? Bei allen so unendlich vielen Lebensformen – kann es Zufall dabei geben; bei dieser vielgestaltigen Einzigartigkeit? Läßt sich ein Prinzip erkennen? Welches Prinzip läßt sich erkennen? Zu welcher Erkenntnis oder gar Erfahrung bringt uns ein etwaiges Prinzip?

Bedeutet unabhängige alleinige Bewegung aus irgendwoher stammender Energie autarkes Sein? Kann es autarke Existenz bei unendlicher gebundener Energie in Allem geben? Wie losgelöst oder angebunden sind die gerüstgleichen Strukturen um diese Energien und die Energien an sich mit allem sie Umgebenden?

Welche Bilder entstehen, wenn wir uns vorstellen, daß zwischen den kleinsten aller Teilchen oder selbst den Elektronen und den Protonen der Atome ausschließlich pure Energie oder pures Bewußtsein oder beides sind? Wie ist das mit den festen Stoffen? Sind diese dann also nur fest scheinend und in sich trotzdem pausenlos in Bewegung? Was hat das für Folgen für unsere Wahrnehmung?

Und wie ist das dann mit unserem Körper? Wo sind da die Zwischenräume, und was füllt sie aus? Besteht unsere wahrnehmbare Materie, einschließlich unserem Körper, also nur aus gerüsthaften

Strukturen um etwas nicht eindeutig Definierbares herum? Aber was ist genau das Undefinierbare?

Alles kann also in endloser und unendlicher Bewegung harren? Gesteine, Erze, Metalle, Holz und alle anderen uns aggregativ fest erscheinenden Stoffe sind demzufolge fest erscheinende Formationen, welche letztendlich nur durch gerüsthafte Strukturen spezielle Eigenschaften ausdrücken – ausgefüllt mit Bewußtseinsenergie? Wäre es dann folglich möglich, mit reiner Gedankenkraft einen Knoten in den Löffelstiel zu bringen? Wäre es möglich, einen Handabdruck im Gebirgsgestein zu hinterlassen – besser als Zivilisationsmüll? Welche Optionen für unser Leben ergeben sich daraus noch? Ist das nicht faszinierend? Wollen wir einfach mal immer beschwingt sein?

Ist es eine gewagte These zu behaupten, daß im tiefsten Inneren ein Jedes letztendlich aus Energie, welcher Form auch immer, besteht? Und sind wir auf einem annehmbaren Weg, wenn wir nach dem Ursprung dieser Energie bzw. Urkraft suchen, aus der alles entsteht? Kann diese Energie einfach auf die Erde „geworfen" worden sein, und alles ist aus Zufall in dieser Einzigartigkeit und Variabilität und faszinierenden Schönheit entstanden?

Wir sind also Energiewesen? Sind wir gar Lichtwesen? Warum sprechen wir von einem Leuchten in den Augen? Warum sprechen wir von Lebensenergie? Warum wird gesagt, daß wir in unsere Energie kommen müßten? Was fließt im Flow? Energie,

Energie, Energie überall und einfach aus dem Nichts? Was fühlen wir in uns für eine Antwort? Spüren und glauben wir intuitiv, daß da mehr ist, als uns der pure Verstand wissen läßt? Was in uns spürt dies? Welche Energien treiben sich dabei in uns herum? Welche Energien umgeben unseren, aus gerüsthaften Strukturen bestehenden, Körper noch? Wo in diesem Gebilde sind Gefühle und Emotionen geborgen? Warum laufen wir nicht aus und davon?

Heißt Energie auch elektromagnetische Felder, die sie umgeben? Welche Aufgabe nehmen sie in allem wahr? Wie unterschiedlich stark könnten diese Felder in den unterschiedlichen Körperregionen sein? Wie stark ist die Energie unseres Herzens? Warum mißt man sie im Elektrokardiogramm? Wie stark ist das Feld um unser Herz? Kann es andere Menschen „berühren"? Wie sind diese Felder im Falle ihrer Existenz aufeinander abgestimmt? Wie ist das mit der gemeinsamen Wellenlänge? Wie weit reichen die Felder in unsere Umgebung? Was bewirken diese Feldstärken in unserer Umgebung? Stärken sich etwaige gleichartige Energien mehrerer Menschen interferierend? Was geschieht alles, was wir nicht sehen aber oft fühlen können? Gibt es dafür Messungen? Wie misst man das? Wie gewiß sind wir uns unserer etwaigen energetischen Angebundenheit auch ohne Messung?

Aus welchen Energien heraus entstehen die Impulse, die uns unser Körper gibt? Wer oder was kommuniziert dort mit uns? Was dürfen wir dabei wahrnehmen, lernen oder erkennen? Wie wirken die Energien in uns und untereinander? Wie abgestimmt aufeinander sind diese Energien in ihren physikalischen Eigenschaften?

Welche Auswirkungen haben externe elektromagnetische Felder auf diese harmonische Körpersymphonie der schwingenden Energien? Wie bewußt gehen wir mit diesen messbaren Wahrscheinlichkeiten um? Wenn es diese Körperharmonie gibt, welchen Preis sind wir bereit zu akzeptieren, sie zu erhalten? Oder nehmen wir Disharmonien, welche in Krankheiten bis hin zu Krebs enden können, bewußt oder unwissend in Kauf?

Ist das eine mögliche Sichtweise auf Leben? Wer mag mir auf diesen gedanklichen Pfaden folgen? Hohe Schwingungsfrequenzen erzeugen Wärme? Wird dir allein bei diesen Gedanken auch so warm ums Herz?

Kannst du für dich einen Wert empfinden, der es lohnt, das alles zu beschützen und zu bewahren, weil du es gerne so magst? Magst du darüber immer und überall frei entscheiden dürfen? Und magst du dieses Recht allen Menschen wünschen und zugestehen? Darf ich mir wünschen, daß alle Menschen diesen Wunsch haben?

Unbekanntes Sein

Mit Zartheit, Anmut, weich, ganz leise,
krabbelt ins Herz ein Gefühl hinein.
Bricht auf ein Eis bestimmterweise.
Kann`s noch nicht fassen, ist ganz fein.

Und trotzdem läßt`s mich ruhen wie immer,
als wäre es schon allzeit da.
Weit ab von jedem Herzgewimmer
ist eine Tiefe mir so nah.

Füllfließender Natürlichkeit
durchströmt mich dies Gefühl.
Hält mich fest, ist einfach da,
ganz ohne inneres Gewühl.

Eine Bindung neu geschlossen,
als gäb es sie schon ewig.
Breitet sich aus ganz unverdrossen
in mir - und das nicht wenig.

Ungefragt schau ich dem zu,
wie Kräfte in mir walten.
Noch kann ich nicht alles sehen,
was sie so gestalten.

Und doch spür ich`s sehr fest in mir,
laß es gern geschehen.
Fühl es als willkommen hier,
ohne danach zu flehen.

Ganz wie von selbst führt´s mich dahin,
obwohl´s noch gar nicht da.
Ist wie ein irren, wie ich bin.
Rufts Herze leise: JA!

Geh einen unbekannten Weg
wie seit Jahrthausenden schon.
Scheint zu sein der kleine Steg
zum Herzen hin, wo ich wohl wohn.

Lauschig, flauschig angekommen,
spür ich`s schon in mir wallen -
im Nebel unsichtbar verschwommen
ein Bild, so klar, von ALLEM.

Heil, Körper und Ernährung

Was bedeuten die Annahmen aus dem vorherigen Kapitel? Welche Antwortung überträgt mir das im Umgang mit meinem Körper und seinem Drumherum? Und welche Rolle spielt diese so filigran komponierte Ansammlung von Materie überhaupt in meinem Leben? Ist er mein Leben oder nur ein Teil davon?

Was darf ich von ihm lernen und was mit ihm? Was lernt er von mir? Wie geht er mit meinen Ungeschicklichkeiten beim Erfahrungen sammeln um? Wie kommuniziert er mit mir? Wie kann ich ihn beschützen, damit er mich beschützen kann? Ist er mein zu Hause? Ist er eine vorübergehende Herberge eines Teils von mir?

Was ist er noch alles? Wofür wurde so viel hochkomplexe Stimmigkeit in einer so vielschichtigen und symphonischen Einheit erschaffen? Soll das wirklich alles ein tierischer und affenartiger Zufall sein? Wie viele Fragen läßt die These des Darwin'schen Zufalls dabei unbewiesen? Warum muß dieser Zufall Dogma sein und bleiben – jenseits allen wissenschaftlichen Prinzipien?

Warum ist die antwortungsvolle Suche nach Lebensmitteln bei der Nahrungssuche so kompliziert, um unseren Körpern reichlich Lebensenergie zu spenden? Worin finden wir die Lebensenergien, welche unser Körper braucht? Wovon braucht er wieviel? Wie gut geeignet oder schadhaft sind die heutigen Nahrungsmittel und Ernährungsstrategien für unsere Körper? Was heißt in diesem Zusammenhang eigentlich, daß in einem heilen Körper auch ein heiler Geist wohnt? Hat das wirklich nur etwas mit Sport zu tun, was Turnvater Jahn postulierte? Was sollten unsere Hauptnahrungsmittel sein oder werden? Hängt unsere nur 10 %ige Gehirnleistung auch mit unseren bisherigen Ernährungsgewohnheiten zusammen? Können wir das eineindeutig ausschließen? Nein? Dann sollten wir es zumindest hinterfragen – oder? Wo finde ich also Lebensenergie in unserer Nahrung? Weiß Rüdiger Dahlke darüber zu berichten? Magst du bei ihm nachlesen? Was sind die Lebensenergie- und Heilsräuber in unserer Nahrung? Steckt hinter dem heutigen Angebot von Nahrungsmitteln eine Strategie der Hersteller?

Welche Rolle spielt das Wasser, was wir trinken, wenn wir doch wissen, daß wir aus 70 – 90 % Wasser bestehen? Sind wir uns der Bedeutsamkeit der Qualität unseres Trinkwassers bewußt? Was kann Wasser alles, und welche sind die Kriterien? Worauf achten wir im Hinblick auf Lebensenergie im Trinkwasser. Wie schätzen wir für uns all das ein? Sollten wir hierüber mal genauer nachdenken? Wie viele Fragen ergeben sich hieraus für dich, wenn du tiefer in dieses Thema einsteigst?

Inwieweit ist neben der Energie das Licht in unseren Körpern und unseren Lebensmitteln von Bedeutung? Wozu benötigt unser Körper Licht in sich und an sich? Welche Auswirkungen haben die unterschiedlichen Spektren von Licht in uns und auf uns und in unserer Nahrung und Umgebung?

In welchem Maß sollten wir Sport treiben? Ist ein narzisstischer Idealkörperwahn im sauerstofffreien, raumgeschlossenen Fitneßstudio zielführend? Wie ideal und energetisch anreichernd ist ein entspannter Waldlauf? Wann fängt Sport an, aus der Rolle des Ausgleiches in die des negativen Stresses zu kippen? An welchen Kriterien mache ich das fest? Wie kommuniziert mir mein Körper das? Sollte ich mich mit meinem Training an anderen orientieren, oder kann es nur mein eigenes gesundes Maß geben? Ist die universelle Vollkommenheit für mich richtungsweisend, oder bestimmt ein Verstandesideal für Vollkommenheit meine Trainingsintensität? Wann darf ich den Körper in seinem Empfinden über den Verstand siegen lassen, und wem dient dabei mein freier Wille? Wie und wann wirken alle ausgewogen miteinander? Was genau bedeutet in diesem Zusammenhang innere Stärke? Bin ich von äußeren Idealen unabhängig und ganz in mir beheimatet – in meiner inneren Freiheit und Einheit?

Was bedeuten mir mein Heil und Abweichungen von ihm? Was lernen wir bei der Abwesenheit von Heil, wenn doch unser Körper bei wohlwollender "Nutzung" nur den Zustand des Heilseins kennt? Warum gibt es keine Gesundheitshäuser oder Heilanstalten und nur Krankenhäuser? Zu welchen

Leistungen wäre unser Körper bei konsequenter Einbindung der körpereigenen Selbstheilungskräfte fähig, Heil zu erhalten oder genesenderweise wiederherzustellen? Wie abhängig sind die Selbstheilungskräfte unseres Körpers von unserem eigenen Glauben daran? Wie umfangreich ist die körpereigene Apotheke? Was können wir heilend von der Natur lernen? Wie hilft uns Natur, unser Heil zu erhalten? Wie intensiv sollten wir uns dazu an die Natur anbinden? Kann auch hier ein Austausch von Energien oder der Aufenthalt in den Energiefeldern der Natur hilfreich sein?

Schlafen wir genug? Schlafen wir etwa zu viel? Schlafen wir optimal? Was geschieht mit uns beim Schlafen?

Wie viele einfache Lebensweisen sind es, welche nachhaltig gelebt unser Heil einfach erhalten? Wie darf solch ein Leben aussehen und strukturiert sein? Welche Auswirkungen hat der gemeinsame Umgang miteinander auf unsere Gesundheit? Ist unser Wohlbefinden und Seelenheil abhängig von anderen Lebewesen? Wie gehe ich mit mir im Allgemeinen um, meinen Körper am geschicktesten in der optimalen Fassung zu wissen?

Wie wollen wir gemeinsam Leben – Sprache, Kommunikation und Miteinander in der Ganzheit des Seins

Wie wollen wir gemeinsam Leben? Was sollte die Basis eines gemeinsamen Miteinanders sein? Welches Empfinden, welche Gefühle und Emotionen sollen uns bindend durch die Tage begleiten? Was erwarten wir voneinander? Braucht es überhaupt Erwartungen? Reicht es nicht einfach, wenn jeder auf seine Weise vollkommen das als sein Bestes gibt, wozu er geschaffen ist? Welche Rollen spielen Perfektionismus, Wettbewerb, Hierarchie, Rollenverhalten? Sind diese Dinge einfach obsolet? Ist jeder der oder die Beste, wenn alles in Liebe und Hingabe nach bestem Wissen und Gewissen in Ehre und Würde gegeben ist? Sind wir in unserer schöpferischen Göttlichkeit nicht alle auf unsere eigene Weise gleich? Wenn all diese niedrig schwingenden Elemente wie Spaltung, Angst, Gewalt, Druck, Erwartung, Erfüllungszwang usw. einfach nicht mehr existent sind – wie leben wir miteinander? Wie sortiert sich alles in eine passierende Ordnung?

Wie kommunizieren wir nun? Wie achtsam nutzen wir die Verbalsprache? Welche weiteren Sprachen werden uns zur Fügung stehen? Welchen Sinn erhalten Worte? Welche Bedeutung erlangen geistige Bilder als Wunsch- und Vorstellungsenergien? Wie vielschichtig unterlegt ist die Kommunikation mit Gefühlen und Emotionen, wenn wir Menschen diese in ihrem eigentlichen Sinn ersonnen haben? Wieviel ist noch mitteilenswert, wenn wir alles sehen und schauen, was jeder denkt und fühlt und tut? Wenn wir alle Eins sind, wird alles zum Selbstgespräch?

Wie fühlt sich Zusammengehörigkeit an, gehen wir davon aus, wir sind alle Wassertropfen im gleichen Ozean? Wie leben wir das in der Realität? Wie stark bindet uns das Bewußtsein? Wie intensiv können wir uns in der Dualität energetisch gebunden fühlen, wenn wir all das wissen, was uns jetzt noch unbekannt erscheint? Wie beantwortest du dir diese Fragen, nachdem du auf alle anderen in diesem Büchlein schon Antworten gefunden hast?

Wie werden wir die ewige Liebe in Partnerschaften umsetzen? Wird es noch BeZIEHungen geben? Welche Bedeutung haben Sippe, Stamm, Zweisamkeit? Wie viele BeZIEHungen werden diesen Prämissen standhalten? Wie wird die Liebe im Eins Mann und Weib dual zusammenführen? Wie werden wir alle für unsere Nachkommen und Senioren und Ahnen da sein? Wie wird sich unser Tag und unser Leben gestalten, wenn wir uns Menschen auf unseren wirklichen Daseinsgrund reduzieren? Wie gestalten sich Gemeinschaften, wenn die derzeitigen Wirtschaftsformen überlebt sind? Wie werden sich unsere Fülle und unser Reichtum definieren, gestalten und wirken?

Wie werden wir mit dem, was uns in seiner Gesamtheit umgibt, umgehen? Impliziert diese Frage, daß das nur aus uns selbst heraus gelebt werden kann? Welche Kraft bekommt meine Selbstantwortung? Können wir uns alle nur aus uns selbst heraus diesem neuen Anspruch stellen? Kann ich erst das Außen neu mitgestalten, wenn ich mein Inneres aufgeräumt habe?

Schließen sich hier nunmehr alle Kreise auf der Seelenreise? Bin ich, wenn ich ganz I.CH bin, WIR?

Danke *Karl Gamper*, für dieses erfüllende Zitat:

„Wenn I.CH ganz I.CH bin, dann bin ich WIR."

Kling Klang

In der stillen Melodie
der zwielichtigen Stunden,
geschah etwas, ich weiß nicht wie.
Habe ein Glück gefunden.

Farbenspiel des Weltenklangs -
zauberhaftes Lied;
Magie erfüllenden Gesangs
Sehen und Sein schied.

Im Glühen entschwand ein Tag und Tun -
Rhythmus alter Weise.
Kehrt ein das neue ewig Ruhen
in uns die Nacht ganz leise.

Erfahren sachte Bild um Bild.
Sein des gegangenen Heute.
Sehen zahm, was schien noch wild.
Im schwachen Scheine deute.

Und aus dem Dunkel steigt empor
der erste Sonnenstrahl.
Zart zieht Nachtdunst noch bevor
dem Tosen der Erwachenszahl.

In Harmonie ein leuchtend Klang
nimmt mit uns in sein Spiel.
Leben in ihr unseren Gang.
Sind wir hier sein Gefühl.

Widerscheine zeiget mit Bedacht:
Zusammen fließt das Sein.
Um uns prachtvoll Inneres wacht
als das Erkennen des AllEin.

So lag ich unterm Apfelbaum
in meinen schönsten Stunden.
Spiel mit die Melodie im Traum.
Seelen schwelgend jetzt gesunden.

Erkenn ich uns - Es sieht sein ich.
Wie leicht in Tiefe sinke,
Farbenspiel sich in mir glich,
als Tropfen ich ertrinke
in unser aller großem Meer.
Ist mein Treiben ohn` Begehr.

Danke
I.CH bin

Epilog

Natürlich könnte ich noch tausende weitere Fragen stellen. Nur werden nun nach dem Lesen auch bei dir genügend eigene Fragen zusätzlich entstanden sein. Mir war es bedeutsam, mit meinen Fragen lediglich das Losgehen auf dem ureigenen Weg zu unterstützen. Mein Wunsch ist es, in dir eine Fülle von Gefühlen für dich, was du bist, was dich umgibt und einige weitere grundlegende Fragen zu erzeugen – ein Gespür für Wahrnehmung und Achtsamkeit. Dieses innere Bild wird bei jedem Menschen ein anderes sein. Und diese Einzigartigkeit an Motiven wird diese Welt sehr bereichern. Alle positiven Empfindungen und Energien, welche aus diesem vorgehenden Weg entstehen, spüren zu dürfen, ist meine Fülle. In diesem Sinne soll dieses Büchlein ein Samenkorn sein, das ich mir und den Menschen gerne schenken mag.

An dieser Stelle danke ich allen Menschen, die mich aushalten und trotzdem in Liebe und Hingabe weiter begleiten. Auch für mich ist dieses Büchlein immer noch Wegbegleiter, weil sich nie alle Fragen zu jedem Zeitpunkt abschließend beantworten lassen oder wiederholt stellen – immer wieder neu. …Die Antworten entstehen in uns – ja, und wo kommen sie nun wirklich her?

Schaltet bitte den Verstand nur ein, wenn ihr ihn unbedingt braucht. Hört auf euer Herz, denn darin

ist immer alles gut, behaglich, lauschig und wohn-
selig.

Herzlich,

Markus Lange

Ich wünsche mir

Ich wünsche mir, daß Liebe fließt,
sich das Himmelreich ergießt
über alle Menschenseelen,
daß aufhört dieses ewig Quälen.

Ich wünsche mir, daß Liebe fließt
durch alles irden Leben.
Ich wünsche mir, daß Liebe fließt
im dauernden Ergeben.

Ich wünsche mir, daß Liebe fließt
bis in die letzten Winkel.
Ich wünsche mir, daß Liebe fließt.
Sind Menschen frei von allem Dünkel.

Ich wünsche mir, daß Liebe fließt,
ganz frei, zu unseren Kindern.
Ich wünsche mir – sie dort erblüht.
Macht sie zu Liebefindern.

Ich wünsche mir, wenn Liebe fließt,
frei, ohne jede Last.
Ich wünsche mir, wenn Liebe fließt,
kommt`s Herze nicht in Hast.

Ich wünsche mir, daß Liebe fließt.
Erhellt das letzte Dunkeln.
Ich wünsche mir, daß Liebe fließt,
frei, vom heimlich Munkeln.

Ich wünsche mir, daß Liebe fließt,
so, wie der Sonne Licht.
Ich wünsche mir, daß Liebe fließt.
Sei einzig sie Gericht.

Ich wünsche mir, daß Liebe fließt
aus allen Dimensionen.
Ich wünsche mir, daß Liebe fließt,
wo göttlich Seelen wohnen.

Ich wünsche mir, daß Liebe fließt
um Geister zu erwecken.
Ich wünsche mir, daß Liebe fließt,
reich, in Verstandes Ecken.

Ich wünsche mir, daß Liebe fließt.
So tragen wir dies Licht.
Ich wünsche mir, daß Liebe strahlt
aus jedem Menschgesicht.